Anonymous

Rechenschafts-Bericht über die israelitische Lehrerbildungs-Anstalt in Würzburg

Anonymous

Rechenschafts-Bericht über die israelitische Lehrerbildungs-Anstalt in Würzburg

ISBN/EAN: 9783743490079

Hergestellt in Europa, USA, Kanada, Australien, Japan

Cover: Foto ©ninafisch / pixelio.de

Manufactured and distributed by brebook publishing software (www.brebook.com)

Anonymous

Rechenschafts-Bericht über die israelitische Lehrerbildungs-Anstalt in Würzburg

Rechenschaftsbericht

über die

israelitische Lehrerbildungs-Anstalt

in

Würzburg

seit ihrem fünfjährigen Bestehen

von

Seeligmann Bär Bamberger,
Distrikts-Rabbiner und Vorstand derselben.

Würzburg,
im November 1869.
Druck der Stahel'schen Offizin.

Mit dem neu begonnenen Schuljahre ist die Israelitische Lehrerbildungsanstalt dahier in das sechste Jahr ihrer Thätigkeit eingetreten. Man findet es daher als geeignet, den zahlreichen verehrlichen Gönnern derselben hiermit Bericht zu erstatten über deren Entstehung und ihre fünfjährige Entwickelung und Thätigkeit. Die hohe Königliche Regierung von Unterfranken und Aschaffenburg hat durch Rescript vom 7. Juli 1859 den sämmtlichen Rabbinern des Regierungsbezirkes Kenntniß gegeben von dem Mangel gehörig befähigter Schuldienstexspektanten und den gemeindlichen Verhältnissen, wodurch es häufig unmöglich, erledigte Dienste in gehöriger Weise zu besetzen und demzufolge oft mit Provisorien begnügt werden müsse, die sich von vorne herein als ungenügend und für eine längere Dauer unzulässig darstellen; sowie, daß dieser Zustand im Hinblick auf die Wichtigkeit, welche die Ertheilung eines geordneten und vollständigen Religions-Unterrichtes für die heranwachsende Generation unzweifelhaft behauptet, als ein sehr bedauerlicher erkannt und dessen, wenn thunliche, Beseitigung deshalb von gedachter Stelle angestrebt werde. Und wurden zu diesem Behufe die Rabbiner zur Erstattung eines Gutachtens aufgefordert, über die Mittel, welche in dieser Richtung etwa mit Erfolg zu ergreifen wären. Der Unterzeichnete und die Herren Distrikts-Rabbiner A. Adler zu Aschaffenburg, J. G. Adler zu Burgpreppach und die nunmehr in's Reich der Seligkeit übergegangenen F. L. Thalheimer zu Mainbernheim und Dr. G. H. Lippmann zu Kissingen, obige hohe Aufforderung mit Freude begrüßend, und die Schwierigkeit deren entsprechenden Lösung einsehend, fanden es für zweckmäßig, diese Angelegenheit einer gemeinschaftlichen Berathung zu unterziehen. Nach sorgfältiger Erwägung aller desfallsigen Umstände kam man zu der Ueberzeugung, daß dem erwähnten sehr bedauerlichen Zustande nur dadurch abgeholfen werden könne, wenn eine in organischer Gliederung geordnete, thatkräftig wirkende Anstalt gegründet würde, in welcher den sich dem Lehrfache Widmenden umfassende und entsprechende Ausbildung zu Theil werde, wie solche von einem israelitischen Lehrer gefordert werden kann und muß:

II.

A. In den Religionslehrgegenständen,

B. In den Elementarlehrgegenständen,

und zwar in der Art, daß dieselben beim Austritte aus der Anstalt das Finalexamen am k. Schullehrer-Seminar zu bestehen befähigt werden. Ferner daß allen unbemittelten Zöglingen dieser Anstalt Unterricht, Beköstigung und Wohnung in derselben unentgeldlich zu Theil werden, wozu die erforderlichen Geldmittel durch freiwillige Beiträge edler Menschenfreunde zu veranlassen seien. In diesem Sinne wurde zur Erledigung des allegirten hohen Rescriptes unter'm 26. Juli 1859 eine gemeinschaftliche Eingabe der genannten Rabbiner an die hohe königl. Kreisregierung eingereicht. Nachdem nun die hohe Kreisstelle diese Eingabe dem allerhöchsten königl. Staatsministerium des Innern für Kirchen und Schulangelegenheiten in Vorlage gebracht und die allerhöchste Ministerial-Entschließung hierauf erfolgte und durch hohes Rescript der k. Regierung vom 18. Januar 1860 anher mitgetheilt wurde; nachdem ferner die in allegirter allerhöchster Entschließung abgeforderten weiteren Aufschlüsse von den erwähnten Rabbinern in ihrem alleruntertänigsten Berichte vom 15. März 1860, unter'm 28. ejus. zur k. Regierung eingesandt, und von dieser hohen Stelle dem allerhöchsten königl. Staatsministerium in Vorlage gebracht und die allerhuldvollste Bewilligung zur Gründung einer solchen Anstalt laut hohen Rescripts kgl. Regieruug vom 4. Dezember 1860 erfolgte, wurden von der königlichen Regierung die weiteren erforderlichen Anordnungen behufs Realisirung dieses Projekts verfügt. Die Erledigung derselben wurde in der Art bethätigt, daß bereits durch hohes Rescript kgl. Regierung vom 28. April 1862 der Unterzeichnete ermächtigt wurde, behufs wirklicher Gründung der Anstalt, nunmehr die weiteren nöthigen Einleitungen zu treffen.

Demzufolge hat man nun bereits im Juli 1862 eine Bekanntmachung über die beabsichtigte Gründung bezeichneter Anstalt mit dem Beifügen erlassen, daß man zur Empfangnahme von Beiträgen hiezu und zur verzinslichen Anlegung derselben bei der k. Filialbank dahier bereit sei.

Diese Kundgabe entsprach auch ihrem Zwecke, indem Beiträge in lobenswerther Weise eingesandt, welche in entsprechenden Summen bei der kgl. Filialbank dahier verzinslich angelegt wurden.

Nachdem nun mittlerweile auch das weiter Erforderliche bezüglich der Statuten, der Tages-, Stunden- und Hausordnung, des Lehrerpersonals erledigt worden war, wurde durch hohes Rescript kgl. Regierung vom 4. Oktober 1864 die Genehmigung ertheilt, daß die Anstalt, deren vollständige Ausführung sechs Curse, 4 für die Vorbereitung der Schullehrlinge und 2 für den Seminarunterricht, umfaßt, wegen zurzeitigen Mangels der erforderlichen Geldmittel hiezu, zur Zeit nur für den 4, 5. und 6. Cursus eröffnet werde, und wurde für die Aufnahmsprüfung der 3. November und für die Eröffnung der Anstalt der 7. November bestimmt. Hierauf erfolgte die Bekanntmachung der Anstalt durch das Kreisamtsblatt, also lautend:

III

Nr. praes. 36856. Nr. exp. 274. pr. 5. Oktober 1864. 2753.
Die israelitische Lehrerbildungs-Anstalt betr.
Im Namen Seiner Majestät des Königs.

Von der in § 32 des Normativs vom 4. Dezember 1860 (Kreisamtsblatt Seite 1436) ertheilten Ermächtigung Gebrauch machend, haben mehrere Distrikts-Rabbiner des Regierungsbezirkes beschlossen, in der Stadt Würzburg eine Anstalt zu begründen, in welcher Israeliten Gelegenheit finden sollen, während eines Curses von sechs Jahren sowohl den für Schullehrlinge in Religions- und Elementar-Gegenständen vorgeschriebenen Vorbereitungsunterricht, als auch einen dem Unterrichte in den kgl. Schullehrer-Seminare analogen Ausbildungsunterricht zu genießen und damit die Befähigung zum Bestehen der Austrittsprüfung im k. Schullehrer-Seminare zu erwerben"

Den Bemühungen der genannten Distrikts-Rabbiner und insbesondere des Distrikts-Rabbiners Seligmann Bär Bamberger zu Würzburg ist es gelungen, bie in dieser Beziehung nothwendigen Einleitungen in der Art zu treffen, daß die gedachte Anstalt, welche den Namen: israelitische Lehrerbildungs-Anstalt führt, noch im Laufe dieses Herbstes und zwar **vorläufig für die drei obersten Curse** eröffnet werden kann.

Nachdem sowohl die Satzungen, als der Lehrplan derselben von der Unterfertigten Stelle geprüft und genehmigt worden sind, auch für entsprechende Lehrkräfte Vorsorge getroffen ist, sieht sich die k. Regierung veranlaßt, die Begründung dieser Anstalt zur allgemeinen Kenntniß zu bringen und dabei Folgendes zu bemerken:
1) Die israelitische Lehrerbildungs-Anstalt, deren Vorstand der Distrikts-Rabbiner Seligmann Bär Bamberger in Würzburg ist, steht unter der Aufsicht der kgl. Regierung.
2) Der Besuch der Anstalt ist fakultativ. Doch wird der erfolgreiche Besuch derselben, wenn sie in 6 Cursen vollständig begründet ist, als genügender Ersatz sowohl des durch das Regulativ vom 21. Mai 1857, die Bildung der Schullehrer betr., und durch das Normativ vom 4. Dezember 1860, das israelitische Religions-Schulwesen betr., vorgeschriebenen Vorbereitungsunterrichtes der Schullehrlinge, als auch des Unterrichtes im Schullehrer-Seminar erachtet **und zwar nicht blos für solche, welche dem Religions-Schulfache, sondern auch für solche, welche dem Elementar Schulfache sich widmen wollen.** Solange nur die 3 obersten Curse der Anstalt bestehen, bildet deren erfolgreicher Besuch einen Ersatz für das Zurücklegen des dritten Vorbereitungs-Curses der Schullehrlinge und des Besuches des Schullehrer-Seminars.
3) Wer den sechsten Curs der israelitischen Lehrer-Bildungs-Anstalt in einer den Satzungen entsprechenden Weise absolvirt, wird auf gehöriges Anmelden sofort zu der Austritts-Prüfung im kgl. Schul-Seminar zugelassen.

Diese neu begründete Anstalt, welche einen höchst gemeinnützigen Zweck verfolgt, dabei aber vorzugsweise auf freiwillige Beiträge angewiesen ist, wird den sämmtlichen Israeliten des Regierungsbezirkes behufs reichlicher Unterstützung warm empfohlen und werden diejenigen Israeliten, welche sich dem Schulfache widmen wollen, hierauf besonders mit dem Beifügen aufmerksam gemacht, daß die Aufnahme in dieselbe in der gegenwärtigen sich auf 3 Curse beschränkenden Gestaltung mindestens durch das vorgängige erfolgreiche Bestehen der Jahresprüfung des zweiten Vorbereitungs-Curses der Schullehrlinge bedingt erscheint.

Im Uebrigen wird auf die von der Vorstandschaft der Anstalt zu erlassenden Bekanntmachungen verwiesen.

Würzburg, den 4. Oktober 1864.
Königliche Regierung von Unterfranken und Aschaffenburg,
Kammer des Innern.
In Abwesenheit des k. Regierungs-Präsidenten.
Der k. Regierungs-Direktor.
Dr. Gerstner.

Mees.

Anfangs wurde für die Anstalt ein Miethlocal außerhalb der Stadt verwendet. Da sich aber die Unzuträglichkeit hievon bald herausstellte, so wurde kurz darauf ein eigenes Haus mit Garten in der Mitte der Stadt erworben und bezogen. Als ordentliche Lehrer wurden aufgestellt die H.H. Ludwig Stern von Greglingen und Isak Schlenker von Würzburg, als Fachlehrer die H.H. Dr. Wolframm, Professor an der k. Kreis-Gewerbschule dahier, Dr. Löll, I. Sekretär des landwirthschaftlichen Kreis-Comité's und G. Benz, städtischer Lehrer. Dem Erstgenannten wurde auch die Hausmeister-Funktion übertragen.

Zu der in öffentlichen Blättern ausgeschriebenen Aufnahmsprüfung hatten sich blos Zöglinge zum ersten Seminarkursus und zum obersten Cursus der Schullehrlinge angemeldet und haben folgende die Prüfung bestanden und die Aufnahme in die Anstalt für das

Schuljahr 1864/65

erhalten.

I Seminarcurs.

Einstein, Daniel, von Fellheim.
Hirsch, Isak, von Goldbach.
Rosenthal, Maier, von Oberlauringen.
Sulzer, Aron, von Marktfest.
Weimann, Abraham, von Fischach.
Wormser, Moses, von Gersfeld.

IV Vorbereitungscurs.

Baum, Israel, von Norbheim*) (als Hospitant).
Haas, Jakob, von Hörstein.
Löbensried, Jakob, von Oberthulba.
Maffenbacher, Jakob, von Burghaßloch.
Schwanthaler, Sigmund, von Westheim.
Weinstock, Samuel, von Schmalnau.

Am Schlusse des ersten Jahres konnte selbstverständlich, da wie oben bemerkt, kein II. Seminarcurs vorhanden war, noch kein Zögling zur Austrittsprüfung gelangen. Hingegen ergab die über sämmtliche Religions- und Elementargegenstände sich erstreckende Jahresprüfung, wozu die k. Regierung einen Commissär ernannte, ein der Art befriedigendes Resultat, daß sämmtliche Zöglinge (mit Ausnahme des als Hospitant bezeichneten) in den nächst höheren Cursus aufrücken durften. Durch dieses Aufrücken ergab sich für das

Schuljahr 1865/66

ein I. Seminarcursus, und da wieder ein Vorbereitungscursus aufgenommen werden sollte und aufgenommen wurde, so bestand von da an die Anstalt aus drei Cursen. Diese Erweiterung machte die Aufstellung eines dritten ordentlichen Lehrers nothwendig, den man in der Person des Herrn Jacob Weißbart von Allersheim gefunden. Ebenso wurden einige nicht unbedeutende bauliche Einrichtungen erforderlich, um vermehrte Schlaf-Lokalitäten und ein größeres Speisezimmer zu gewinnen.

---

*) und wurde dieser nur mit der Auflage zugelassen, den Cursus zu repetiren.

Zur Aufnahmsprüfung für bezeichnetes Schuljahr meldeten sich 20 Zöglinge, wovon 10 Zulassung in die Anstalt erhielten, und zwar: 5 für den Seminarcurs und ebenso viel für den obersten Vorbereitungscurs, so daß nunmehr die in der Anstalt sich befindenden 22 Zöglinge in folgender Weise auf die Curse vertheilt wurden:

II Seminarcurs.

Einstein, Daniel, von Fellheim.
Hirsch, Isak, von Solbbach.
Rosenthal, Maier, von Oberlauringen.
Suhler, Aron, von Marktsteft.
Weimann, Abraham, von Fischach.
Wormser, Moses, von Gersfeld.

I Seminarcurs.

Abler, Abraham, von Dittlofsroda.
Friedenhain, Nathan, von Werneck.
Geßner, Jakob, von Steinach a/S.
Haas, Jakob, von Hörstein.
Levi, Nathan, von Heubach (Preußen).
Lötenfried, Jakob, von Oberthulba.
Massenbacher, Jakob, von Burghaßloch.
Schwanthaler, Sigmund, von Westheim.
Sonn, Jakob, von Schweinshaupten.
Weinstock, Samuel, von Schmalnau.

IV Vorbereitungscurs.

Baum, Israel, von Nordheim.
Bing, Jakob, von Ober-Seemen im Grßh. Hessen (Hospitant).
Frank, Abraham, von Rimpar.
Goldberger, Samuel, von Ermershausen.
Sänger, Hermann, von Kleineibstadt (Hospitant).
Strauß, Abraham, von Kleinheubach.

Am Schlusse des Schuljahres erstanden die 6 Zöglinge des II. Seminarcurses die Schlußprüfung am k. Schullehrer-Seminar dahier, und wurden sämmtliche in die Praxis entlassen. Schwanthaler und Goldberger traten wegen Kränklichkeit im Laufe, Sänger am Schlusse des Schuljahres freiwillig, mit Genehmigung der Kgl. Regierung, aus der Anstalt. Es gingen also auf das

Schuljahr 1866/67

13 sich bereits in der Anstalt befindenden Zöglinge über. Nach erstandener Prüfung wurden 7 neue in den Vorbereitungscurs aufgenommen, so daß in diesem Jahre 20 Zöglinge vorhanden waren, und zwar:

II Seminarcurs.

Abler, Abraham, von Dittlofsroda.
Friedenhain, Nathan, von Werneck.
Geßner, Jakob von Steinach a/S.
Haas, Jakob, von Hörstein.
Levy, Nathan, von Heubach.
Löbenfried, Jakob, von Oberthulba.
Massenbacher, Jakob, von Burghaßloch.
Sonn, Jakob, von Schweinshaupten.
Weinstock, Samuel, von Schmalnau.

I Seminarcurs.

Baum, Israel, von Nordheim.
Frank, Abraham, von Rimpar.
Strauß, Abraham, von Kleinheubach.

IV Vorbereitungscurs.

Ambrunn, Hirsch, von Röbelmaier.
Abler, Samuel, von Laubenbach.
Bing, Jakob, von Ober-Seemen.
Dispecker, Jakob, von Oberwaldbehrungen.
Eschwege, Aicher, von Karbach.
N. N. ⎱ Die Namen dieser Zöglinge
N. N. ⎰ werden aus weiter folgendem
N. N. ⎱ Grunde nicht aufgeführt.

Von den 20 Zöglingen traten im Laufe des Jahres aus: Ambrunn, weil er sich krank fühlte und Sonn, behufs Uebernahme einer sich ihm dargebotenen entsprechenden Stelle, und zwar mit h. Genehmigung der Kgl. Regierung.

Am Schlusse des Jahres erstanden die noch vorhandenen 8 Zöglinge des II. Seminarcurses die Austrittsprüfung am Kgl. Schullehrer-Seminar dahier und wurden hierauf aus der Anstalt in die Praxis entlassen.

Für das

Schuljahr 1867/68

verblieben nun noch in der Anstalt 10 von den vorhandenen Zöglingen, und da zu diesen noch 11 aufgenommen wurden, und zwar: 1 in den I. Seminarcurs und 10 in den IV. Vorbereitungscurs, so wurde dieses Jahr mit 21 Zöglingen eröffnet, nämlich:

II Seminarcurs.

Baum, Israel, von Nordheim.
Frank, Abraham, von Rimpar.
Strauß, Abraham, von Kleinheubach.

I Seminarcurs.

Adler, Samuel, von Laubenbach.
Bing, Jakob, von Ober-Seemen.
Dispeder, Jakob, von Obermaldbehrungen.
Eberhardt, Lazarus, von Maßbach.
Eschwege, Ascher, von Karbach.
N. N.
N. N.   (wie oben)
N. N.

IV Vorbereitungscurs.

N. N. (wie oben).
Altmann, Joseph, von Schopfloch.
Ehrlich, Salomon, von Reichmannsdorf.
Grünebaum, Pfeufer, von Oberaltertheim.
Henle, Salomon, von Ichenhausen.
Reinhold, Max, von Kleineibstadt.
Schwab, Hirsch, von Burgpreppach.
Schweizer, Manasses, von Goßmannsdorf.
Stiefel, Abraham, von Hammelburg.
Strauß, Moses, von Kraisdorf.

Die 4 mit N. N. bezeichneten Zöglinge verließen aus weiter aufgeführtem Grunde im Sommersemester die Anstalt und die 3 Zöglinge des II. Seminarcurses traten nach erstandener Finalprüfung am Kgl. Schullehrerseminar dahier aus der Anstalt in die Praxis über. Somit verblieben für das

Schuljahr 1868/69

in der Anstalt 14 Zöglinge, wozu noch 7 in den IV Verbreitungscursus aufgenommen wurden, so daß dieses Jahr mit 21 Zöglingen eröffnet wurde und zwar:

II Seminarcurs.

Adler, Samuel, von Laubenbach.
Bing, Jakob, von Ober-Eeemen.
Dispecker, Jakob, von Oberwaldbehrungen.
Eberhardt, Lazarus, von Maßbach.
Eschwege, Ascher, von Karbach.

I Seminarcurs.

Altmann, Joseph, von Schopfloch.
Ehrlich, Salomon, von Reichmannsdorf.
Grünebaum, Pfeufer, von Oberaltertheim.
Henle, Salomon, von Ichenhausen.
Reinhold, Max, von Kleineibstadt.
Schwab, Hirsch, von Burgpreppach.
Schweitzer, Manases, von Goßmannsdorf.
Stiefel, Abraham, von Hammelburg.
Strauß, Moses, von Kraisdorf.

IV Vorbereitungscurs.

Bein, Alexander, von Steinach a. S.
Dorfzaun, Herrmann, von Neustadt.
Franken, Nathan, von Röbelmeier.
Friedner, Simon, von Ermetshausen.
Hirsch, Naphtali, von Traustadt.
Hofmann, Moses, von Dittlofsroda.
Strupp, Hieronymus, von Maßbach.

Die fünf Zöglinge des II. Seminarcurses traten beim Jahres=
schlusse nach erstandener Finalprüfung am k. Schullehrer=Seminar dahier
aus der Anstalt in die Praxis, und da in diesem Jahre ein anderwei=
tiger Abgang nicht stattgefunden, so verblieben auf das laufende

Schuljahr 1869/70

noch 16 Zöglinge in der Anstalt, wozu 6 neu aufgenommene kommen,
so daß die momentan vorhandene Anzahl der Zöglinge 22 beträgt.

Von der Regel, daß die Zöglinge Unterricht, Beköstigung, Wahrung, Licht
und Beheizung in der Anstalt sowie ärztliche Behandlung ganz unentgeldlich
erhalten, wurden nur folgende Ausnahmen gemacht. Die 4 mit N. N. bezeich=
neten Zöglinge und noch einige Andere haben sich mehr oder weniger
religiöser Vergehen und Uebertretungen der Statuten zu Schulden kom=
men lassen. Zur Prüfung jener Vorfälle wurde auch der Herr Distrikts=
Rabbiner Adler zu Aschaffenburg beigezogen. Das Resultat dieser Ver=
handlung bewirkte, laut Akten, den Austritt der 4 erwähnten (mit N.
N. bezeichneten) Zöglinge. Bei 3 derselben wurde wegen deren Mittel=
losigkeit von jeglicher Bezahlung Umgang genommen; bezüglich des 4ten
derselben kam jedoch folgender Umstand in Erwägung: Schon bei des=
sen Aufnahme hatte man Grund, ihm vollkommenes Zutrauen nicht
zu schenken, doch war diese Begründung nicht von der Beschaffenheit,

daß dessen Zurückweisung als gerechtfertigt hätte erscheinen können. Man fand daher folgenden Vorschlag für zweckmäßig:

N. N. habe mit Beginn jeden Semesters der Anstaltskasse 50 fl. zu erlegen, und wenn derselbe ein entsprechendes Wohlverhalten beobachte und die vorgeschriebenen 3 Jahre in der Anstalt verbleibe, so erhalte er das eingelegte Geld wieder zurück; bei Uebertretung einer dieser zwei Bedingungen aber, verfalle das betreffende eingelegte Geld der Anstalts= cassa. N. acceptirte diesen Antrag und unterzeichnete das beßfallsige Protokoll. Nach den stattgehabten obigen Vorfällen suchte N. seine Ent= lassung aus der Anstalt nach, wogegen ihm kein Hinderniß in den Weg gelegt, hingegen aber, wie selbstverständlich, erklärt wurde, daß die (an jedem der 4 Semester eingelegten 50 fl., also die) Summa von 200 fl. der Anstaltskasse zufallen. Die Berechtigung hiezu hatte wohl ihre voll= kommene Begründung, weil erstens der unentgeltliche Genuß der An= stalt überhaupt von dem Wohlverhalten des betreffenden Zöglings be= dingt ist, zweitens, erwähntem Zöglinge insbesondere die obigen Be= dingungen kund gegeben wurden, endlich drittens weil durch hohes Re= script königlicher Regierung vom 14. Juli 1866 genehmigt worden ist, behufs Verhütung verfrühter Austritte, dem § 4 unserer Statuten fol= genden Zusatz beizufügen:

„Sollte jedoch ein Schüler vor gänzlicher Vollendung der statutenmäßigen Curse der Anstalt dieselbe ohne genügenden Grund verlassen, so hat er für Alles, was er von derselben unentgeltlich genossen hat, der Anstalt nachträglich eine angemessene, zunächst vom Vorstande der Anstalt festzusetzende, pecuniäre Ver= gütung zu leisten."

(Einem anderen Zöglinge, dem dieselben Bedingungen bei seiner Aufnahme wie N. gestellt wurden, der aber bei Wohlverhalten die vor= geschriebenen 3 Jahre in der Anstalt verblieb, wurden die eingelegten 300 fl. bei seinem Austritte mit Freuden zurückerstattet.)

Von weiteren 3 Zöglingen, die ebenfalls bei obigen Vorfällen be= theiligt, hatten 2 ein jeder 25 fl. und der dritte 50 fl. an die Anstalts= kasse zu entrichten (die erwähnten Gelder befinden sich in dem weiterfol= genden Einnahmenverzeichniß aufgeführt).

Eine fernere Ausnahme ergab sich bezüglich des Zöglings Jakob Sonn, der vor Schluß der vorgeschriebenen Schulzeit seine Entlassung nachsuchte und erhielt. In Erwägung dessen Würdigkeit in Wandel und Kenntniß einerseits, in Erwägung hingegen anderseits, daß derselbe durch Uebernahme einer Stelle mit entsprechender Besoldung zu einer Entschädigung der Anstaltscasse nicht außer Stano, begnügte man sich mit einer mäßigen Summe und in Abschlagszahlungen (wie solche eben= falls in den Einnahmen verzeichnet). Der Zögling Nathan Friedenhain, dessen Vater notorisch ein recht wohlhabender Mann, konnte nur gegen Bezahlung von 200 fl. per Jahr, also auf 2 Jahre 400 fl., aufgenom= men werden, was der Anstaltskasse gegenüber als gerechtfertigt erschei=

nen wird. (Diese Beiträge befinden sich ebenfalls in erwähntem Einnahme=
verzeichniß aufgeführt.) Dem Zögling Pfeufer Grünebaum, wurde die Auf=
nahme Anfangs zwar nur gegen Bezahlung bewilligt, da die Vermögens=
Verhältnisse seines Vaters unentgeldliche Aufnahme nicht als zulässig
erscheinen ließen. Diese Zahlung fand im ersten Semester mit 100 fl.,
im zweiten mit 88 fl. (laut Einnahmen=Verzeichniß) statt, von da an
und weiter wurden ihm die Zahlungen erlassen. Bezüglich des mit be=
gonnenem Schuljahre aufgenommenen Zöglings Simon Bein von Steinach
ist folgendes zu bemerken: Ein Bruder desselben, Alexander Bein, be=
findet sich, wie aus obigem Verzeichniß ersichtlich, bereits ein Jahr als
Schullehrling des IV. Vorbereitungscurses in der Anstalt, woselbst er noch zwei
Jahre zur Vollendung des Seminarcurses zu verbleiben hat. Derselbe erhielt,
wie die sämmtlichen übrigen Zöglinge, den obenbezeichneten völlig unent=
geldlichen Genuß der Anstalt. Zwei Brüdern gleichzeitig unentgeld=
liche Aufnahme zu gewähren, würde andern Aufnahme nachsuchenden
Bewerbern gegenüber nicht als gerechtfertigt zu bezeichnen gewesen sein,
weßhalb fragliche Aufnahme nur gegen eine jährliche Vergütung von
200 fl. bewilligt werden konnte, und hat dessen Vater die Zahlung von
100 fl. für das nunmehr begonnene Semester bereits in jüngstverflos=
senem Oktober geleistet, wie solche im Einnahmenverzeichniß des fünften
Jahres aufgeführt sind.

Der in der Anstalt ertheilt werdende Unterricht erstreckt sich be=
züglich der Religionslehrgegenstände auf Mikro (mit Commentar Raschi)
Mischna, Talmud, Chaje=Odom, Sifre Musar, welch' Letztere bei der
einstigen praktischen Ausübung des Lehrerberufes zu Vorträgen nament=
lich geeigenschaftet, hebräische Grammatik und jüdische Geschichte. Be=
züglich der Elementargegenstände, wie solche von der Kgl. Regierung
vorgeschrieben. Die alljährlichen beßfallsigen erfolgten Prüfungsnoten
lieferten durchwegs ein befriedigendes Resultat, da namentlich berücksich=
tigt werden muß, daß der außerhalb der Anstalt von den Zöglingen ge=
nossen werdende Vorbereitungsunterricht nicht allenthalben ein befrie=
digender genannt werden kann. Die unter der Leitung des Herrn Orts=
rabbiners Lazarus Ottensoser stehende Vorbereitungsschule zu Höchberg
verdient rühmliche Anerkennung und kann allen Zöglingen, die sich für
unsere Anstalt vorbereiten wollen, bestens empfohlen werden.

Auch bezüglich der Ausbildung zur Vorbeter=Funktion leistet unsere
Anstalt Ersprießliches, denn die Zöglinge fungiren abwechselnd in der
in der Anstalt selbst eingerichteten Synagoge bezüglich des Vorbetens,
sowie des Thoralesens.

Die Anstalt besitzt auch bereits eine kleine Bibliothek größtentheils
aus geschenkten Büchern entstanden.

In Erwägung der bisherigen Leistungen unserer Anstalt, aus der
nun bereits 22 Zöglinge die Austrittsprüfung bestanden und in die
Praxis entlassen worden, können sich die edlen Spender, die für diese

Anstalt Liebesgaben verabreicht, gratuliren, zu so einem wahrhaft edlen Werke beigetragen zu haben, und haben dieselben eine Aussaat bethätigt, die die Früchte der herrlichsten Lebensbäume für Diesseits und Jenseits sichert.

So anerkennenswerth aber auch das bisher Geleistete, so ist dennoch die Bestellung dieses Tagewerkes noch nicht vollendet und bleibt noch vieles zu ergänzen übrig. Zunächst ist, wie oben erwähnt, die ursprüngliche Bestimmung der Anstalt für 6 Jahreskurse — 4 zum Vorbeitungs- und 2 zum Seminarunterricht — berechnet, noch aber umfaßt dieselbe erst die Hälfte dieser Curse. Daß die Ergänzung erwünscht, bedarf keiner Erörterung; allein dazu gehören ganz andere Geldmittel als die bis jetzt vorhandenen. Abgesehen aber davon, könnten die bereits vorhandenen drei Curse sich in noch weit größerer Ersprießlichkeit entwickeln, wenn die hiezu erforderlichen pekuniären Mittel zur Verfügung ständen. So wäre es beispielsweise zweckmäßig, wenn bei der Verschiedenheit der Qualifikation der Schüler eine und dieselbe Klasse in zwei Abtheilungen getheilt werden könnte. Hiezu aber wäre selbstverständlich Vermehrung des Lehrerpersonals erforderlich. Nicht minder müßten auch neue Unterrichts-Lokalitäten gewonnen werden, zu welchen baulichen Aenderungen auch das Haus der Anstalt den erforderlichen Raum bietet. Alles dies aber erheischt namhafte Summen. Man gibt sich übrigens der angenehmen Hoffnung hin, daß die sich bereits in so rühmlicher Weise kundgegebene Betheiligung sich fortan noch steigern, und das edle Werk immer neue Herzen zur Theilnahme für sich gewinnen werde. Der Wohlthätigkeitssinn in Israel hat sich in allen Zeiten und bei allen Gelegenheiten glorreich manifestirt, und so wird für dieses so hocherhabene Werk sicherlich diese Anregung schon genügen, um den entsprechenden Erfolg herbeizuführen und das vorgesteckte Ziel in schönster Weise zu erreichen.

Ja, die Aufgabe dieser Lehrerbildungs-Anstalt ist eine hocherhabene, denn sie gilt der Heranbildung von Männern, durch deren Wirksamkeit wir eine hochheilige Elternpflicht erfüllen, denn die Pflicht unserer Jugend gründliche, umfassende, alle Stadien des menschlichen Lebens und Wirkens begleitende und kräftigende Kenntniß der Religionslehre eigen zu machen, ist eine hochheilige, strenge gebotene. Die h. Schrift räumt ihr einen Platz in demselben Capitel ein, in welchem die obersten Glaubenssätze gelehrt und befohlen werden. (5. B. Mos. Cap. 6, 4—7.) Der gründliche religiöse Jugend-Unterricht allein ist der Lebensbaum, dessen Aeste die Früchte des Glückes und der Glückseligkeit hervorbringen für jegliches Alter und jegliches Verhältniß, für das Individuum wie für die Gesellschaft.

Diese Himmelspflanze aber kann mit Nichten gedeihen auf dem unfruchtbaren Boden eines bloßen Compendien-Unterrichts, kann nicht gedeihen durch Befruchtung aus den Cisternen und künstlich construirten Kanälchen von Katechismen und sogenannten Religionsbüchern, kann nimmer gedeihen in kurzer Zeit und thatlosem Zuwarten, nie und nim̄ermehr! Solch' eine, das Brod des zeitlichen und ewigen Lebens tragende Pflanze bedarf des gesegnetsten, die wahren Herzens- und Geistessäfte in sich bergenden Bodens, der wahrhaft reichhaltigen Religionsliteratur; bedarf des mächtig sprudelnden Lebensbornes, eines entsprechenden Quellen=Studiums, entsprungen dem Hoch= und Urgebirge der geoffenbarten Lehre; bedarf der sorgfältigsten Pflege und Aufmerksamkeit, frühzeitig begonnen und mehrjährig fortgesetzt. Solch' ein gründlicher, umfassender, der lebenskräftigen Fortbildung fähiger Jugendunterricht allein kann und darf genügen, durch diesen allein vermag der Israelite die ihm so strenge gebotene Pflicht zu erfüllen: „Sich auch im reiferen Alter, so oft es immer weltlicher Beruf gestattet, mit dem Thora=Studium zu beschäftigen, sich darin fortzubilden."

Eine Pflicht, bei der kein Stand, kein Alter, kein Verhältniß eine Ausnahme gestattet; eine Pflicht, die mit weltlich wissenschaftlicher Bildung und Berufsthätigkeit nicht nur nicht im Widerspruche, sondern vielmehr, wie schon unsere Weisen lehren, (Aboth. Cap. 2 § 2) vollkommen in Harmonie und Einklang steht; eine Pflicht, die im Judenthume aller Zeiten und Zonen als unantastbares Heiligthum galt und gilt. Daß aber zur Erreichung einer solchen Jugendbildung wir vor Allem der Lehrer bedürfen, welche diesem hehren Berufe in der That und Wirklichkeit gewachsen, leuchtet wohl ein, denn nimmer ist man zu geben im Stande, was man selber nicht besitzt. Ebenso selbstredend ist auch der Umstand, daß zur Bildung solcher Lehrer eine Anstalt nöthig ist.

Das Ebengesagte war der leitende Gedanke bei der Gründung der Anstalt, war und ist es bei ihrer Entwicklung und dessen immer größere Verwirklichung ist unser tief inniger Wunsch für ihre Zukunft bis der Herr jene Zeit herbeigeführt haben wird, die er durch seinen Propheten: (Jeremias 31, 34.) verheißen:

„Und sie werden nimmer lehren brauchen Einer den Andern oder den Bruder, sprechend: Erkennet den Ewigen! denn, Alle werden mich erkennen von dem Kleinsten bis zu dem Größten, spricht der Ewige."

I.
Gründungsbeiträge und Zinsen.

	fl.	kr.
Herr Moses L. Mainz in Frankfurt	25	—
„ L. Mainz daselbst	20	—
„ L. Goldschmidt daselbst	20	—
„ M. L. Mainz daselbst	10	—
Ein nicht genannt sein wollender Herr	1400	—
Herr Koffmann Berend in Hannover	35	—
„ E. Eisemann in Frankfurt a/M.	25	—
„ Simon Emanuel Oppenheimer in Würzburg	500	—
„ A. J. Goldschmidt in Bad Homburg durch Herrn Rabbiner S. Fromm dort	35	—
„ J. Sch. aus Rimpar wünscht als Ungenannt	200	—
„ Baron Joel Jakob v. Hirsch in Würzburg als ersten Beitrag	300	—
„ Bär Lämlein in Bamberg	25	—
„ Lissmann Oppenheimer in Würzburg	250	—
„ Samuel Gundersheimer in Rimpar	50	—
„ Hirsch Klein in Bamberg	10	—
„ Jos. Billmann in München	100	—
„ S. H. Prag in Düsseldorf durch Hrn. Rabbiner Fromm in Bad Homburg	30	—
„ Samuel Rosenthal in Würzburg	250	—
„ Isak Rosenfelder in Bamberg	20	—
„ Henle Kohn in Wassertrüdingen für sich und seinen Sohn David	100	—
„ Maier Wolf Hofmann in Rimpar	50	—
„ Baron J. v. Rothschild in Paris durch Herrn Albert Cohn dort 1000 Frcs.	463	45
„ Bernhard Joseph Schwab in Ermetzhofen	70	—
„ Seligmann Stern in Mainstockheim	25	—
Herr Jos. Stern daselbst	25	—
„ S. Friedmann daselbst	11	—
„ H. Stern daselbst	25	—
„ E. H. Oppenheimer in Würzburg	100	—
„ Mendel Freudenthal in Theilheim	50	—
„ David Lebermuth von dort	20	—
„ Mayer Löb Schwab in Rimpar	100	—
„ Simon Heßdörfer in Fulda	100	—
„ Abraham Cramer in Thundorf für sich und seine Söhne Jakob und Salomon Cramer	500	—
„ Carl Schwab in Würzburg	50	—
„ Löb Adler in Urspringen für sich 15 fl. und für seinen Bruder Isak Joseph Adler 25 fl. zusammen	40	—
„ Maier Seewald in Frankfurt a/M.	100	—
„ Berlein Bernart in Lülsfeld	25	—
„ L. Rosenblatt in Würzburg	100	—
„ Heßlein Donnerstädter in Haßfurt	100	—
„ Seligmann Eisfelder in Würzburg	300	—
„ Moses Eichel in Gemünden	25	—
„ Jonas Igersheimer in Mergentheim	70	—
„ Isak Schwab in Würzburg für sich u. seinen Sohn Seligmann in Giebelstadt	27	—
„ David und Seligmann Friedmann in Königshofen	60	—
„ Ignatz Deutsch, k. k. Hofwechsler in Wien	25	—
„ Abraham Merzbacher in München	50	—
Anonym mit Poststempel Frankfurt a M.	100	—
Herr Zacharias Wertheimber in Frankfurt a M.	35	—
„ Joseph Perlstein in Kopenhagen	35	—

Gründungsbeiträge und Zinsen.

	fl.	kr.
Herr Isak Glaser in Thüngen für sich und seinen Bruder Jakob Glaser	100	—
Frau Jette Hellmann in Ebelsbach	100	—
Herr Samuel Strauß in Laubenbach	60	—
„ Hirsch Oppenheimer in Gronau durch Herrn S. E. Oppenheimer hier	35	—
Durch Herrn Salomon Bodenheimer I in Biblis: von den Herren Löb Bodenheimer 6 fl. 30 kr., Abraham Bodenheimer 6 fl. 30 kr., Salomon Bodenheimer u. Conf. 5 fl., Herz Bodenheimer von Darmstadt 2 fl. 30 kr., Ischer Einzheimer von Birstadt 1 fl. 20 kr., Moses Fränkel in Frankfurt a/M. 5 fl., Moses Hochschild 1 fl., Salomon Bodenheimer I selbst 12 fl. 10 kr. zusammen	40	—
Herr Isak Biswanger in Osterberg	100	—
„ Zeidel Neumann in Gerolzhausen	20	—
„ Joseph Friedmann in Burgpreppach	25	—
„ Mayer Joseph Schwab in Rimpar für sich 20 fl. und für seine Frau 11 fl. 12 kr. zusammen	31	12
„ Joel Rosenfelder sen. in Theilheim	8	8
„ Isak Ehrmann in Pfarrweisach	20	—
Durch Herrn Pfeufer Habermann Aschbach, von ihm 5 fl., von den Herren Löb Sußmann 3 fl., Juda Marx 1 fl., J. Sußmann 2 fl., Lehrer Wechsler 1 fl. 45 kr., J. Fleischmann 1 fl., Abrah. Gut 30 kr., Simon Seemann 1 fl., Jak. Süß 1 fl. 45 kr, Fall Süß 1 fl. 30 kr., J. B. Bayer 1 fl., Joseph Lehmann 1 fl., Samuel Seemann 1 fl. 30 kr. Benjamin Oppenheimer 1 fl., L. Adelburg 1 fl., M. Seemann 30 kr., zusammen	24	30
Herr A. Rosenblatt aus Burghaßloch in Würzburg	100	—
„ Samuel Adler in Allersheim	20	—
Anonym mit Poststempel Frankfurt a/M.	70	—

	fl.	kr.
Herr Jonas Gailinger in Binswangen	10	48
„ Jonas Igersheimer in Mergentheim ferner	30	—
„ Pfeufer Strauß in Burgpreppach	100	—
„ Nathan Frank in Estenfeld	20	—
„ M. Gütermann in Bamberg	15	—
„ Joseph Tillenberger in Urspringen	30	—
Durch Herrn Seligmann Dinkelspieler in Fürth von ihm 10 fl., von den Herren Samuel Offenbacher 10 fl., Salomon Schopfloch 10 fl., zusammen	30	—
Herr Samuel Adler in Allersheim ferner	50	—
„ Mahrum Frank in Estenfeld	50	—
Ein Ungenannter in Sch.	50	—
Herr Löb Katz in Nibba	20	—
„ Sam. Eisemann in Frankfurt a/M.	18	—
Durch Herrn Rabbiner S. Bamberger in Fischach, von den Herren: Joachim Fromm 10 fl., Samuel Tannhäuser 3 fl., Nathan Lämle 8 fl. 6 kr., Hirsch Gunz u. Söhne 40 fl., Gebrüder Bach 12 fl., Jak. Deller u. Söhne 11 fl., Sophie Feist 15 fl., Emanuel Mendle 3 fl., Leopold Maier 4 fl., Abraham Maier 5 fl., Isak Löwenberg 6 fl., Isak Fromm 10 fl., Elias Treifuß 5 fl., Samuel Mendle 6 fl., Moses Lemle 6 fl., Gabriel Weisenböck 5 fl., Joseph Fromm 3 fl., zusammen	152	6
Ungenannter in Sch.	200	—
Herr Isak Neuburg in Fürth	10	—
„ Zachar. Neuburg daselbst	10	—
Frau Rös Strauß in Beitshöchheim	11	—
„ Mina Rosenheim Wittwe des Herrn Löb Rosenheim in Heidingsfeld	25	—
Herr Mathias Neuburg in Fürth	10	—
„ Löb Forchheimer in Heßdorf	35	—
„ Löb Adler in Karbach	20	—
„ Tobias Bauer in Buttenwiesen	150	—
„ Gumpel Stockheimer in Rimpar	20	—
„ Ruben Fränkel in Urspringen	30	—
„ Aaron Fränkel daselbst	10	—
„ H. L. Fränkel daselbst	5	—

Gründungsbeiträge und Zinsen.

	fl.	kr.
Herr Faust Fränkel daselbst	15	—
„ Löb Rosenthal in Homburg	15	—
„ H. W. Marx in Mönchsroth	10	—
„ S. Reinemann in Gunzenhausen	20	—
„ Joseph Günzburg, Banquier in Petersburg	175	—
„ Abraham Kleiber in München	30	—
„ Jakob Götz in Kriegshaber	30	—
„ A. M. Hamberger in Goßmannsdorf	100	—
Frau Cramer in Würzburg	5	—
Herr Zacharias Offenbacher in Fürth	20	—
„ Lazarus Weitersheimer in Großlangheim	25	—
„ Baruch Schwab und dessen Schwägerin in Rimpar	5	24
„ Gebrüder M. u. S. Fürth in Hanau	25	—
„ Daniel Epstein in Fulda	50	—
„ Mainz in Paris	4	40
„ Moses Schloß in Urspringen	10	—
„ J. D. Adler daselbst	10	—
„ Hirsch Adler daselbst	10	—
„ Jona u. Aron Fränkel II durch deren Vater Herrn Faust Fränkel daselbst	5	—
„ Raphael Blum in Acholshausen	15	—
Ein Coupons eines österreich. Looses 250 fl. (siehe weiter unten im Verzeichniß der Loose)	10	—
Herr L. W. Schwabacher in Frankfurt a/M.	100	—
„ Jakob Ichenhäuser in Fürth	10	—
„ Moses Götz in Fürth	5	—
„ Abraham Sichel in Neuhaus	10	—
Durch Herrn Jakob Löb Schönfärber in Dornheim als von Mehreren gespendet	10	6
Herr Joachim Frieblein in Allersheim	30	—
Zinsen von der kgl. Filialbank dahier v. 1500 fl. 28. Juli 1863	45	—
ditto von 100 fl. 1. Aug. 1863	3	—
ditto von 400 fl. 1. Aug. 1863	12	—
ditto von 800 fl. 13. Aug. 1863	24	—
Herr Bär Lämlein in Bamberg	10	—
„ Emanuel Heimann in Homburg a M.	20	—
„ Jakob Hirschhorn in Böttigheim	30	—
Durch Herrn J. B. Schönfärber in Dornheim ferner von Mehreren gespendet	3	45
Herr David Rosenheim in Bibergau	10	—

	fl.	kr.
Zinsen bei der k. Filialbank dahier v. 600 fl. 28. Aug. 1863	18	—
Herr Isak Heßdorfer in Frankfurt a. M.		50
„ Samuel Tannhäuser in Fischach durch Hrn. Rabb. Bamberger dort	2	—
„ Moses Simon Thalmann in Neubrunn	10	—
„ Moses Weitersheimer in Tauberrettersheim	15	—
„ Simon Sonder für sich und seinen Sohn Samuel in Mainstockheim	20	—
„ dessen Sohn Benjamin Sonder daselbst	10	—
„ Samuel Kaufmann in Altenstein	20	—
„ Simon Groß in Würzburg	50	—
„ Jakob Einstein in Kleinnördlingen	100	—
„ Samuel Wolf Tannenbaum in Würzburg	100	—
„ Amson Ascher in Mönchsroth	10	—
„ Daniel Epstein in Fulda ferner	18	—
„ Hirsch Marx in Mönchsroth für seinen Bruder u. Sohn daselbst	25	—
„ Samuel Rosenthal in Würzburg, Synagogenspende	10	—
„ Samuel Jeidels in Frankfurt a/M.	50	—
„ Joseph Kohn in Aurich für seinen Vater 3 fl. 30 kr. und für sich 3 fl. 30 kr., zusammen	7	—
„ Samuel Wassermann in Bamberg	40	—
„ Horace Günzburg von Paris	50	—
„ C. R. Rosenbaum in Zell	25	—
„ Salomon Hirsch in Acholshausen	50	—
„ Hessel Markowitz Rosenberg in Sitomir (Rußland)	50	—
„ Schühlein Heidecker in Thalmessingen	100	—
„ Hirsch Löb Adler in Kleinsteinach	20	—
„ David Carlebach in Mannheim	50	—
„ J. H. Carlebach daselbst	100	—
An Zinsen bei der k. Filialbank dahier von 500 fl. 11. Sept. 1863	15	—
ditto von 500 fl. 8. Okt. 1863	15	—
ditto von 800 fl. 7. Nov. 1863	24	—
Herr Abraham Neuburger in Arnstein	50	—
„ Sali Löwisohn in Hamburg	20	—

Gründungsbeiträge und Zinsen.

	fl.	kr.
Herr Hajum Süßer in Laudenbach	10	—
„ Schmaja Grünebaum in Homburg a M.	50	—
„ Jakob Weiter in Tauberrettersheim	10	—
„ Samuel Tannhäuser in Fischach ferner	5	—
„ Oscher Igersheimer in Dörzbach	15	—
„ Moritz Birn in Heidingsfeld	20	—
„ Maier Birn in Estenfeld	5	—
„ Raphael Freudenberger in Unterleinach	10	—
„ Joseph Linz in Greuffenheim	10	—
„ Marx Fröhlich für sich und seinen Vater daselbst	5	—
„ Mendel Hirnheimer für seinen Schwiegervater H. Goldschmidt daselbst	3	30
„ Distr.-Rabb. F. L. Thalheimer in Mainbernheim	10	—
„ Jacob Weichselbaum in Gelbersheim	20	—
„ Isak Lewald in Homburg a. M.	30	—
Durch Herrn Religionslehrer Abraham Oppenheimer in Theilheim, von den Herren: Lazarus Baumblatt 3 fl. 30 kr., Jacob Freudenthal 2 fl., Mendel Rosenbaum 1 fl. 45 kr., Joel Rosenfelder sen. 2 fl., Salomon Rosenfelder 2 fl., Joel Rosenfelder 5 fl., Besla Rosenfelder 2 fl. 42 kr., Bär Schatzmin 5 fl. L. M. Klau 2 fl., Jakob Baumblatt 1 fl., A. L. Klau 2 fl., S. M. Klau 1 fl. 45 kr., Isak Klein 1 fl., Löw Klermann 1 fl., Wolf Klau 1 fl. 45 kr., Isak Fink 1 fl., Moses Sugenheimer 1 fl., M. L. Klau 10 fl., Lazarus Fink 1 fl., Salomon Friedenheim 1 fl., Jakob Schaalmann 1 fl., Samuel Klau sen. 1 fl. 45 kr., Heimann Freudenthal 30 kr., Samuel Lebermuth 1 fl. 21 kr., J. L. Rosenbaum 1 fl. zusammen	83	33
Herr M. Hirnheimer in Greuffenheim	10	—
„ Moses Rau in Fürth	10	—
An Zinsen bei der k. Filialbank dahier von 500 fl. 15. Dez. 1863	15	—
dto. 700 fl. 16. Jan. 1864	21	—
„ Marx Gulbmann in München	50	—
„ S. W. Seemann in Gunzenhausen	100	—

	fl.	kr.
Herr Isal Gottlieb in Frankenwinheim	20	—
Durch Hrn. Distr.-Rabb Thalheimer in Mainbernheim, von den Herren: Gerson Frank's Wittwe in Großlangheim 5 fl. 24 kr. Rieka Frank daselbst 5 fl. 24 kr. Ephraim Eisemann in Marktbreit 5 fl. David Maier in Sickershausen 20 fl. Sußmann Maier daselbst 5 fl. Löb Maier daselbst 5 fl. Benjamin Maier daf. 3 fl. Elias Maier daf. 3 fl. Seligman Lichtenauer daf. 5 fl. Samuel Lauber in Bullenheim 3 fl. S. Wohl in Marktbreit 20 fl. S. Schäfer in Marktsteft 10 fl. Leopold Schönfärber in Mainbernheim 5 fl. Simon Zucker in Sub 7 fl. Lehmann Frank und Sohn im Ködelsee 15 fl. Joseph Stein daf. 12 fl. Joel Stein daf. 3 fl. Joseph Stern daf. 4 fl. G Rosenblatt in Kleinlangheim 25 fl. Wolf Schmitt daf. 15 fl. Jakob Sondheim daf 7 fl. H. Rothfeld daf. 7 fl Sigmund Sondheim daf. 7 fl. Moses Rindfelder daf. 7 fl. Emanuel Handburger daf. 10 fl. Moses Fleischmann daf. 8 fl. Marx Fleischmann daf. 2 fl zusammen	223	48
Herr Samuel Rosenthal in Würzburg ferner	10	—
„ S. Kahn in Mainstockheim	10	—
„ Samuel Rosenthal in Würzburg ferner	20	—
„ Isal Saalheimer in Goßmannshof	5	—
„ Joseph Weidersheimer in Haßdorf	10	—
„ Samuel Stern in Völlersleier	10	—
„ Moses Nordmann in Hetzdorf	10	—
Für Coupons eines österreichischen Looses von 250 fl. (siehe weiter bei dem Loose-Verzeichniß)	9	42
Ein Coupons einer österreichischen Schuldverschreibung 50 fl. (wie oben)	1	24
Durch Herrn Löw Flamm in Renzenheim von ihm 5 fl., von den Herren: Pfeifer Hausmann 4 fl. 30 kr., Löb Hausmann 4 fl., David Hahn 2 fl., Ba-		

Gründungsbeiträge und Zinsen.

	fl.	kr.
ruch Hahn 2 fl. 45 kr., Samuel Krämer in Hüttenheim 5 fl., Abraham Maier daselbst 2 fl., Isak Hausmann daselbst 2 fl., zusammen	27	15
Durch Herrn Jakob Löb, Schönfärber in Dornheim, von den Herren: Moses Löb, Schönfärber 3 fl., David Hausmann 4 fl., David Wallfisch 2 fl., Samuel Wallfisch 2 fl., Pfeufer Schönfeld 3 fl., zusammen	14	—
Von der Gemeinde Kleinsteinach eingesandt von Herrn Hirsch Löb Adler, gesammelt durch Herrn Samuel Lichtenstädter, Cultusvorstand	40	45
An Zinsen bei der k. Filialbank von 500 fl 27 Febr. 1864	15	—
Durch Herrn Emanuel Bobenheimer, z. Z. in Kopenhagen	13	—
Herr Leopold Heß in Bingen	10	—
Durch J. Sichel in Treuchtlingen von einem nicht genannt sein Wollenden	25	—
Herr Maier Moses Niedermaier in Thalmessingen	100	—
„ Nathan Schulhöfer in Würzburg	50	—
„ J. H. Berg in Würzburg	20	—
„ Hajum Hirnheimer in Heidingsfeld	5	—
„ Isak Kaufmann in Frankfurt a. M.	10	—
„ Jakob Strauß daselbst	10	—
„ Salomon Schwab daselbst	30	—
„ L Schwab I daselbst	25	—
„ Philipp A. Cohn daselbst	20	—
„ Benjamin Niederhofheim daselbst	15	—
„ Benjamin Moos daselbst	20	—
„ Heinrich Jeidels daselbst	20	—
„ Gebrüder Goldschmidt das.	30	—
„ Leopold Happ daselbst	100	—
„ Heschel Marowitz daselbst	30	—
Ein nicht genannt sein wollender Herr	200	—
„ B. J. Goldschmidt in Bad Homburg	7	—
„ K. L. Rothschild daselbst	20	—
„ Regierungsadvokat Dr. Bing daselbst	10	—
„ Abraham und Herz Weiler in Frankfurt a. M.	50	—
„ Max Jeidels daselbst	20	—
„ Gebrüder Baß daselbst	50	—
„ Moses Eisenburg in Kissingen	50	—
An Zinsen bei der k. Filialbank hier v. 600 fl. 24. Apr. 1864	18	—

	fl.	kr.
Herr Samuel Adler in Altersheim ferner	25	—
„ Feibel Spiegel in Würzburg	20	—
„ Dr. Eichenberg in Segnitz	30	—
„ Jaques Dreifuß in Basel	20	—
„ Joel Schrotter in Bibergau	10	—
„ Baruch Pracht daselbst	2	—
„ M. Gütermann in Bamberg ferner	100	—
„ Maier Grübel in Bibergau	2	—
„ Baruch Grübel daselbst	1	—
„ Bernhard Maßer daselbst	5	24
Frau Wwe. Reichmann daselbst	1	—
Herr Maier Schulhöfer daselbst	3	30
„ Simon Geisenberger das.	2	20
„ Jakob Laubheimer daselbst	1	—
„ Heinrich Frank in Würzburg	25	—
„ Emanuel Kleemann in Werneck	5	—
Durch Herrn Distr.-Rabb. Thalheimer gesammelt in Sommerhausen, von den Herren: Julius Palm 15 fl., Zion Stern 15 fl., Moritz Palm 15 fl., Gebrüder Stahl 15 fl., Moses Stern 3 fl. 30 kr., Sußmann Abler 10 fl., Koppel Enggas 7 fl., ferner Joel Strauß in Röbelsee 2 fl. 42 kr. zusammen	83	12
Herr W. Süßer in Laubenbach	10	—
„ Benjamin Uhlfelder in Gerolzhofen	20	—
Durch Herrn Levi Worms in Laubenbach gesammelt, von den Herren: Samuel Adler Wittwe 5 fl, Aron Adler 2 fl. 42 kr., Maier Rosendorf 3 fl., Levi Worms selbst 7 fl., Nisan Adler 1 fl., Leser Frank alt 2 fl., Joseph Strauß 2 fl., Aron Hecht 1 fl., Isak Bach 1 fl., David Grünebaum 30 kr., Aron Bernei 3 fl., Hirsch Frank 1 fl., Gabriel Worms 30 kr., zusammen	29	42
Durch Herrn J. W. Schmalbach in Schwanfeld gesammelt, von den Herren: Moses Blättner 1 fl., Salomon Gattmann 1 fl, Hirsch Rothfeld 1 fl. 30 kr., Heinrich Rosenbusch 2 fl, Hajum Bed 1 fl, Löb Schäler 1 fl., M Rosenthal 1 fl., Joseph M. Schloß 1 fl., Sußmann Stern 1 fl., Moses Schäler jung 1 fl., Jakob Bed 1 fl., Mathias Schwan-		

6 Gründungsbeiträge und Zinsen.

	fl	kr.
selber 1 fl., Moses Schäleralt 1 fl., Moses Schloß 30 kr., J. W. Schwalbach selbst 2 fl. zusammen	17	45
Herr Ph Zeibels in Brüssel	45	—
Durch Herrn Hirsch Stern in Mainstockheim aus der Verlassenschaft des Seligmann Stern dort	100	—
Herr Rudolph Strauß in Frankfurt a/M.	10	—
Frau Regina Friedenhain für deren Mann Gabriel Friedenhain in Werneck	2	42
Durch Herrn Maier J. Holzinger in Feuchtwangen von ihm 25 fl. von den Herren: Samuel Gutmann 25 fl., R. Regensburger 15 fl., Maier Gutmann 20 fl, Wolf Gutmann 20 fl., Joel J. Weickermann fl. 24 kr., Joel Ullmann 11 fl., Lazarus Ullmann 6 fl., Bernhard Gunzenhauser 15 fl., Samuel Holzinger 10 fl., Elias Schwabacher 15 fl., A. Lindenthal 1 fl., Ella Holzinger 1 fl., Abraham Ullmann 1 fl., Salomon Bischofsheim 1 fl., Hirsch Holzinger 6 fl., Isak Ullmann 3 fl., Dr. Subro 5 fl., G. Lindenthal 1 fl., zusammen	186	24
Herr Gebrüder Dann in Frankfurt a/M.	20	—
„ J. Sondheim in Rödelsee	5	—
Durch Herrn Religionslehrer S. Sonn in Steinach a/S., von den Herren: Gebrüder Frankl 13 fl. 30 kr., David Stern 10 fl., David Frei 3 fl. 30 kr., Salomon Wolf 3 fl. 30 kr., Salomon Strauß 3 fl. 30 kr., Marx Siegel 5 fl., Salomon Gutmann 5 fl., Lukas Treuhold 2 fl., Isak Frei 2 fl. 42 kr., Moses Strauß 3 fl., Gerson Geßner 1 fl. 30 kr., L. D. Liebmann 2 fl., Otto Marx Frankl 2 fl., Salom Geßner 1 fl. 30 kr., Maier J. Maier 1 fl., Beßla Treuhold 1 fl., Sara Frankl 2 fl., Abraham Lion 5 fl., Löb Stern sen. 5 fl., Gabriel Maier 2 fl., zusamm.	74	42
An Zinsen bei der l. Filialbank hier von 1500 fl. 28 Juli 1864	45	—
ditto von 400 fl. 1. Aug. 1864	12	—
ditto von 100 fl. 1. Aug. 1864	3	—
ditto von 500 fl. 12. Juni 1864	15	—
ditto von 500 fl. 22. Juli 1864	15	—

	fl.	kr
Durch Herrn Rabbiner Fromm in Bad Homburg von Herrn Perez in Hannover	10	—
Durch Herrn Emanuel Kleemann in Werneck von den Herren: David Weglein 3 fl., Aisor Kleemann 2 fl. 42 kr., Kujel Kleemann 2 fl. 42 kr., Wolf Kleemann 2 fl., zusammen	10	24
Herr Wolf Rothstein in Mainstockheim	3	30
„ M. L. Eger in Bamberg	50	—
Anonym mit Poststempel Frankfurt a M.	100	—
Herr Maier Seewald in Frankfurt a M. ferner	100	—
„ Maier Weitersheimer in Tauberrettersheim	10	—
„ Josef Löb Marx in Mönchsroth	5	24
„ Menli Zimmer in Fürth	25	—
Durch Herrn Moses Rau von Fürth gesammelt in Nürnberg. von den Herren: Max Rosenbusch 5 fl., Max Hirschmann 5 fl. H. Rosenzweig 10 fl., Leop. Alexander 10 fl., Samuel Gutmann 2 fl 42 kr., Gebrüder Feuchtwanger 20 fl., M Rau selbst 20 fl., Frau Goldberg 10 fl., H. Hellmuth 10 fl., zusammen	92	42
Herr Manuel Kohn in Fürth	11	—
„ Isak Neuburger daselbst	40	—
„ Samuel Rosenthal in Würzburg ferner	25	—
Ungenannt sein Wollende in Bingen	100	—
Herr Hiskia Frankl von Haag, z. Zeit in Würzburg	10	—
„ Jonas Rosenbaum in Zell Namens eines Ungenannten	25	—
Durch H. Lehrer Weil in Mainstockheim von Frau Jsche Freimann 10 fl, von den Herren Benjamin R. Sonder 2 fl. 42 kr., Maier Stern 1 fl. 45 kr., Moses Klugmann 1 fl. 45 kr., Moses Stern 1 fl., zusammen	17	12
An Zinsen bei der k. Filialbank da hier von 800 fl. 13 Aug 1864	24	—
ditto von 600 fl. 26 Aug 1864	18	—
ditto von 500 fl. 11. Sep. 1864	15	—
ditto von 500 fl. 8. Oct. 1864	15	—
ditto von 500 fl. 28 Aug 1864	15	—
ditto von 500 fl. 9. Oct 1864	15	—
Herr Baron J. J. v. Hirsch in Würzburg als zweiten Beitrag	200	—

Gründungsbeiträge und Zinsen. 7

	fl.	kr.
Herr Mannuel Kohn in Mainbernheim . . .	20	—
Von Unteraltertheim durch Herrn Seligmann Maier . . .	9	—
Herr Heß Eisenburg in Kissingen	25	—
Aus der Gemeinde Oberaltertheim, von den Herren: Salomon Traubel 45 kr., Löb Grünebaum alt 30 kr., Jakob Strauß 3 fl. 30 kr., Herz Strauß 36 kr., Lämlein Strauß 1 fl., Löb Grünebaum jung 3 fl., Simon Traubel 1 fl., Löb Traubel 1 fl., Pfeufer Kahn 30 kr., Frau Gitel Fein Wittwe 1 fl., zusammen .	12	51
Herr David Wiesengrund in Würzburg . . .	50	—
Durch Herrn Rabbiner J. Sänger in Buttenwiesen von dortiger Gemeinde . . .	166	—
Anonym mit Poststempel Kissingen . . .	25	—
Ein Coupons einer österreich. Schuldverschreibung v. 50 fl. (siehe weiter im Loosverzeichniß) . . .	1	20
Ein ditto von einem österreich. Loos von 100 fl. (wie oben)	2	24
An Zinsen bei der k. Filialbank dahier von 800 fl. 7. Nov. 1864	24	—
ditto von 500 fl. 20 Nov. 1864	15	—
Herr Enoch Zimmer in Fürth .	10	—
„ S. W. A. Seemann in Gunzenhausen ferner	100	—
„ Leonard Müller in Bamberg . . .	30	—
Durch Herrn Lazarus Strauß in Merchingen als von Jemand in dortiger Synagoge gespendet 1 fl. 12 kr., ferner 1 fl., zusammen . . .	2	12
Durch Herrn Jakob Hirsch Weinschenk in Windsbach, Namens eines Ungenannten .	5	—
Herr Lazarus Scheuermann in Erlenbach . .	10	—
Durch Herrn Salomon Stiebel j. J. in Wassertrüdingen, von den Herren: David Kohn 25 fl, D. B. Gutmann 20 fl., Nathan 25 fl, Ungenannt 1 fl., zusammen	71	—
Herr Ph. Kunreuther in München	4	—
Anonym mit Poststempel Frankfurt a. M.	100	—
Anonym durch einen Dienstmann mit Brief . .	20	—
Durch Herrn Lehrer J. Löwenmaier in Wittelshofen, von den		

	fl.	kr.
Herren: Vorstand Isr. Freundlich 1 fl. 45 kr., dessen Bruder Hajum 1 fl. 45 kr., dessen Bruder Hirsch 1 fl. 10 kr., dessen Bruder Joseph 1 fl, Jakob Freundlich 1 fl., Isak Freundlich 30 kr., Warniz 30 kr., Isak Jordan 1 fl., Lehrer Löwenmayer selbst 30 kr., Itelhelmer 30 kr., ferner 30 kr., für Postschein wurden 4 kr. abgerechnet bleibt . .	10	6
Herr Moses Mainzer in Kissingen . . .	25	—
Aus der Gemeinde Wiesenfeld von den Herren: Feitel Hanauer 1 7 fl., K. Lichtenstädter 3 fl. 30 kr, Bendit Hanuar 3 fl. 30 kr., K. Grünebaum 10 fl., Abraham Löb Bamberger 7 fl. 42 kr., Abraham Bamberger 2 fl. 42 kr., Baruch Bamberger 2 fl. 42 kr., Abraham Kahn 5 fl. 45 kr, Marx Braunold 1 fl. 45 kr, Feitel Hanauer jung 2 fl. 20 kr., zusammen . . .	45	29
Herr Oberrabbiner Dr. N. Adler in London . .	59	30
„ Moritz Rosenberger in Ichenhausen . .	22	—
„ J. M Sonnerstädter in Haßfurt . . .	12	—
An Zinsen bei der k. Filialbank dahier von 500 fl. 15. Dez 1864	15	—
Herr Hirsch Marx in Mönchsroth	15	—
Durch Herrn Rabbiner Sänger in Buttenwiesen ferner von Ungenannt . . .	2	—
Durch Herrn Mendel Nöbelheimer in Wüstensachsen von dortiger Gemeinde . . .	20	3
Zuschuß auf Gold . . .	—	8
Aus der Gemeinde Riedenberg, von den Herren: Joseph Edelstein 1 fl., Maier Sitzmann 1 fl., Judas Goldbach 1 fl., Wolf Nußbaum 1 fl., Isak Strauß 1 fl., Salomon Engelhard 1 fl., Israel Strauß 56 kr., Nani Hecht 1 fl., Hirsch Engelhard 1 fl., Lehrer Strauß 1 fl., Frau Wittwe Hanne Gertner in Geroda 1 fl., zusammen .	10	56
Herr Maier Seewald in Frankfurt a/M. ferner . .	100	—
Durch Herrn Religionslehrer Isak Heß in Geroda, von den Herrn: Wolf Strauß 1 fl., M. Gärtner		

Gründungsbeiträge und Zinsen.

	fl.	kr.
24 kr., Wolf Heß 24 kr, Isak Heß jun. 24 kr., Nathan Hofmann 24 kr., Sprinz Heß Wwe 12 kr., Aron Nußbaum 24 kr., Aron Stern 24 kr, Nison Frank 1 fl. 45 kr., Liou Frank 2 fl. 42 kr., Babette Frank 1 fl. 45 kr., Abraham Frank 18 kr., Isak Frank 18 kr., Kahmann 30 kr, Rosenberg 24 kr., Kallmann Strauß 18 kr, Isak Heß 24 kr., Meier Kaufmann 24 kr, zusammen	12	24
Herr Simon E. Oppenheimer in Würzburg ferner		25
Durch denselben von Herrn Hajum Lißmann in München an einem Bankschein der k. Filialbank dahier vom 15. April 1864	100	—
Herr Jessel Walter in Großostheim	1	45
„ Simon Lang in Treuchtlingen	11	—
Von der Hochzeit des Herrn Baruch Bondi in Meinz	77	2
Herr David Philipps in Arnstein	8	—
Durch Hrn. Salomon Wallhaus in Geroldsfeld von dortiger Gemeinde	16	6
Durch Herrn Rabbiner Bamberger in Fischach von den Herren: Joseph Wendle 2 fl. 42 kr, Löb Götz 1 fl. 12 kr., zusamm.	3	54
Durch Herrn Salomon Stiefel, Cultus-Vorstand in Hammelburg von dortiger Gemeinde	18	—
Durch die Herren Cultusvorstand Rohnmann u. Lehrer Eschwege in Neuhaus, von den Herren: Jakob Sichel 30 kr., Löb Wilbberg 30 kr., Seifensieder Wolf 30 kr., Mich. Kupfer 30 kr., Isak Goldmann 30 kr., Feibel Sichel 30 kr., Mennlein Koch 30 kr., H Eschwege 1 fl 30 kr, Jak Weglein 30 kr, Seligmann Strupp 30 kr., Feibel Kupfer 30 kr., Nathan Stern 30 kr., Ascher Stern 18 kr., Samuel Barth 30 kr., Moses Lilienfeld 18 kr, Simson Hecht 1 fl., J Rohnmann 30 kr, Moses Levi 18 kr., H. Eschwege 6 kr, zusammen	10	—
Herr Nathan Frank in Estenfeld ferner	10	—
Durch Herrn Schmaja Nordschild, Cultus-Vorstand in Niederwern, von ihm 5 fl., von den Herren Marcus Gutmann 1 fl., Nathan Maiblum 30 kr., Hirsch Gutmann 30 kr., Maier Grünebaum 1 fl., Samuel Grünebaum 2 fl., Moses Theilhaber 30 kr., Ansel Nordschild 5 fl., Daniel Nordschild 1 fl., J. Weiler 30 kr , Levi Steinheimer 30 kr.,A Grünebaum's Wwe.1fl., J Maiblum 1 fl., M Hammelburger 30 kr , Aron Guttmann 1 fl., B. Frankenfelder 18 kr., E. Rosenstrauß 1 fl, Jacob Theilhaber 30 kr., zusammen	22	48
Herr Wolf Adler in Goßmannsdorf	2	20
Durch Herrn Lehrer Sichel in Treuchtlingen von den Herren Vorstand Lazarus Lang 25 fl , Vorstand Jacob Stettner 4 fl , David Weimann 25 fl , Familie Theilheimer 11 fl , zusammen	65	—
Durch Herrn Cultusvorstand Fränkel in Roth, von den Herren Isak Fränkel 5 fl. 24 kr Moritz Niederheimer 3 fl., Salomon Oettinger 3 fl 30 kr, Isak Kaumheimer 5 fl. 24 kr., Jakob Löb Gutmann 2 fl. 42 kr., Isak Niederheimer 2 fl. 42 kr., Abraham Rosa 1 fl., Julius Fränkel 2 fl , Julius Bär 1 fl 30 kr., für Porto wurden 12 kr. abgezogen, zusammen	27	—
Durch Herrn N. Rosenthal in Mühlfeld von dortiger Gemeinde	21	30
Herr H. W. Marx in Mönchsroth	10	—
Von Herrn Distrikts-Rabbiner A. Adler in Aschaffenburg aus dem Benzion-Verein	22	30
Herr Hirsch Strauß in Fechenbach	5	—
Durch's Rabbinat und den Cultus-Vorstand zu Ansbach, von den Herren: Wolf Gutmann 3 fl , Isak Bernheimer 2 fl , Talmud Thora-Verein 50 fl , E. Rosenfeld 48 kr, Leopold Salmstein 2 fl , G Röber 1 fl , H. Landmann 1 fl., F. Englmigach 48 kr., A. Maier 1 fl , M. Mahler 1 fl. 10 kr, B Steiner 1 fl Ungenannt 1 fl F Ullmann 36 kr , Aron Rosenfeld 2 fl , Bercholzheimer 1 fl , J. Ritzinger 1 fl. 30 kr , G. J. Gutmann 5 fl , D. Berlin 3 fl., Zuschuß 8 kr, zusammen	79	—

Gründungsbeiträge und Zinsen.

	fl.	kr.
Durch Herrn Lehrer J. Bandewart in Neustadt a S., von den Herren: Feist Stern 5 fl., Maier Reis 5 fl., Salomon Kupfer 4 fl., J. J. Kahner 5 fl., Aron Frank 10 fl., Susm. Stern 2 fl., zusammen	31	—
Durch die Herren Rabbiner Dr. Löwenmaier und Cultusvorst. Hirsch Feuchtwanger in Sulzbirg von dortiger Gemeinde	122	54
Durch Herrn Religionslehrer S. Falk in Aub Namens eines Ungenannten	10	—
Durch Herrn Cultusvorstand Simon Strauß in Euerbach von dortiger Gemeinde	3	36
Anonym mit Poststempel Frankfurt am Main	100	—
Durch Herrn Cultusvorstand Joseph Neumann in Willmars von dortiger Gemeinde	24	—
Herr Moses Weilersheimer in Tauberrettersheim ferner	10	—
" Mendel Rosenbaum in Zell	10	—
Durch Herrn Cultusvorstand Sußm. Lippstädter in Schweinshaupten von mehreren Gemeindegliedern dortselbst	6	36
Herr Distrikts-Rabbiner David Weißkopf in Wallerstein	5	—
Durch die Cultusverwaltung zu Wannbach, von den Herren: S. Schatz 5 fl. 24 kr., David Rosenbaum 1 fl. 45 kr., Jos. Rosenbaum 2 fl. 42 kr., Abr. Wassermann 1 fl. 30 kr., Jak. Held 2 fl., Max Wassermann 2 fl., Joseph Steingesser 1 fl. 30 kr., H. Herrmann 1 fl., M. B. Wollner 1 fl., Heinemann Rosenbaum 1 fl., Fanni Held 1 fl, Mina Wassermann 45 kr., L. E. Rosenbaum 10 fl. 48 kr., Ph. Weiß 24 kr., Wolf Wassermann 1 fl. 12 kr., zusamm.	34	—
Herren Gebrüder Kohn in Frankfurt am Main	30	—
Durch die Herren Rabbiner Ehrlich und Cultusvorstand M. Maier in Schopfloch von dortiger Gemeinde	87	—
Durch Herrn Lehrer Gutmann in Aibhausen bei der Verlobung des Herrn Abr. Eisfeld und Frl. Ester Heinemann von Zeitlofs und Poppenlauer gesammelt	4	20
Herr Baron J. J. v. Hirsch in Würzburg als dritten Beitrag	200	—

	fl.	kr.
Durch die Herren Rabbiner Dr. Löb und Daniel Einstein in Jchenhausen, von den Herren: Salomon Rosenberger 18 fl. 48 kr, Nathan Heilbronner 11 fl, Joseph Heilbronner 3 fl. 30 kr., zusammen	33	18
Durch Herrn Löb Ullmann in Burgpreppach, von den Herren Joseph Friedmann 5 fl., H. Adler 1 fl. 45 kr., Lehrer Pfeifer 2 fl., Frau Hefa Schönemann 1 fl. 30 kr., Löb Ullmann selbst 10 fl., Sam. Hirschmann 10 fl., Kufel Schönemann 1 fl. 45 kr., Frau Ella Goldmann 36 kr., Isak Kahn 2 fl. 20 kr. zusammen	44	56
Durch Herrn Cultusvorstand Joseph Schwarz in Egenhausen, von ihm 2 fl. 48 kr., von den Herren: Lazarus Schwarz 2 fl., 42 kr., Abraham Lehmann 1 fl., Aron Aal 30 kr., David Gutmann 12 kr., Lazar. Lehmann 1 fl., Löffer Lehmann 1 fl., Joseph Schwarz jung 12 kr., Samson Weißmann 18 kr., Kalmann Fleischhacker 18 kr, zusammen	10	—
Aus der Gemeinde Traustadt, von den Herren Lehrer Frank 1 fl. 10 kr., Isak Hirsch jung 1 fl., Mendel Frankenfelder 24 kr., Mich. Hirsch 1 fl. 10 kr., zusammen	3	44
Durch Herrn Löb Strauß in Kraisdorf: von den Herren: Leser Hartmann 15 kr., Hirsch Brückmann 1 fl., Maier Rosenberger 30 kr., Salomon Rais 3 fl., Hajum Brückmann 2 fl., Moses Strauß 5 fl., Moses Oster 30 kr., Abraham Brückmann 1 fl., Löb Strauß selbst 3 fl. 30 kr., zusammen	16	45
Durch Herrn Samuel Reuland, Cultusvorstand in Kleineibstadt von ihm 1 fl. 7 kr., von den Herren: Simson Reuland 3 fl. 30 kr., Moses Lebermann 35 kr., Seckel Stranß 1 fl., David Reinholt 35 kr., Löb Reinholt 24 kr., Abraham Werner 1 fl., Enfel Reinholt 3 fl. 30 kr., Gerson Gerst 24 kr., Moses Kohl 1 fl., Samuel Ambach 1 fl., Hirsch Frank 36 kr., Behr Rosenmann 24 kr., Aron Rein-		

2

holt 1 fl., Joseph Reinholt 45 kr., zusammen . . . 16 45
Durch Herrn Rabbiner Wolf Cohn in Baiersdorf, von den Herren: W. Lichtenstädter 22fl., L. Haas 1 fl., Moritz Engel 1 fl. 30 kr., M. J. Lohmann 10 fl., Gottlieb Pragheimer 50 fl., M. Ehrlich 2 fl. 42 kr., Fr. Babbete Aub 1 fl., Hermann Frank 7 fl., Michael Fleischer 3 fl. 30 kr., Lazarus S. Köner 7 fl., Marx Hirschkind 1 fl. 45 kr., L. Lamm 1 fl. 45 kr., J. Strauß 5 fl., Moritz Bonte 3 fl., M. Friedmann 2 fl., Jakob Dornitzer 3 fl, Hirsch Hirschkind 24 kr., H. Schmitt 2 fl. 42 kr., J. Kohn 1 fl. 21 kr., J. Pragheimer 1 fl. 45 kr., G. Gerngroß 2 fl. 42 kr., W. Gerngroß 5 fl., S. Cohn 2 fl. 42 kr., G. S. Rosenthal 2 fl 42 kr., Ottensosser 1 fl. 30 kr., Freitag 1 fl. 45 kr., Springer 6 fl., L. Weil 2 fl, Rabbiner Cohn 10 fl., Alex. Cronacher 2 fl. 42 kr., L. Billmann 1 fl. 10 kr., Zuschuß 23 kr., zusammen . . . 167 —
Durch Herrn Cultus-Vorstand Veitel Kaufmann in Obereuerheim von den Herren: Koppel Neuburger 10 fl., Kusel Heinemann 10 fl., Löb Sittenheim 10 fl., Sußmann Kaufmann 2 fl., Hirsch Neuburger 10 fl., zusammen . . . 42 —
Durch Herrn Cultus-Vorstand Neftali Hirsch in Nordheim v. b. Rhön von dortiger Gemeinde . . . 35 —
Durch Herrn Cultusvorstand Moses Dannenbaum in Bastheim von den Herren: Kann Brungesser 1 fl., Gump Strauß 2 fl., Aron Dannenbaum 1 fl., Moses Dannenbaum selbst 1 fl., zusammen . . . 5 —
Ein Ungenannter in Sch. . . . 10 —
Durch Herrn Cultusvorstand A. H. Meyer in Berolzheim von den Herren: Rehm D. Bärmann 2 fl. 42 kr., Wolf Weiß 2 fl. 20 kr. Samuel Weiß 2 fl. 42 kr., Benjamin Herz 2 fl. 24 kr., Löw Moses Gutmann 5 fl., A. H. Mayer selbst 10 fl., Bärlein D. Bärmann 3 fl. 30 kr., Marum Gutmann 2 fl. 42 kr.,

J. Herz 3 fl., S. L. Gutmann 3 fl. 30 kr., Daniel Gutmann 3 fl., S Schonwalter 3 fl. 30 kr., zusammen . 44 20
Durch Herrn Kusel Anfänger in Wallershausen von den Herren: Jakob Dachsgruber, 1 fl, Fall Anfänger 45 kr., Maier Ellermann 15 kr., Hajum Ellermann 15 kr., Hajum Kammerfüller 30 kr, Kusel Anfänger selbst 45 kr, Maier Anfänger 1 fl, zusammen . 4 30
Herr Baron J. J. v. Hirsch in Würzburg als vierten Beitrag 300 —
Durch Herrn Cultusvorstand Abrh. Kaufmann in Altenstein von den Herren: Samuel Kaufmann 7 fl., Simon Kaufmann 5 fl. 24 kr., Abraham Kaufmann selbst selbst 3 fl, Anschel Blaut 30 kr, Moi. Heidelbacher 30 kr, für Porto wurden 9 kr. abgezogen, bleibt . . . 16 15
Herr Elias Landauer in München . . . 25 —
Durch Herrn Maier Reis in Altenschönbach: Aus der Hajum Singer'schen Stiftung dort 5 fl, aus dem Chevra Kadischa-Verein 5 fl., aus dem Chevras-Neorim-Verein 3 fl. zusammen 13 —
Durch Herrn Jacob Schloß in Oberwaldbehrungen von dortiger Gemeinde . . . 20 —
„ H. H. Philipps in Arnstein . . . 3 30
„ L. E. Stettauer in Treuchtlingen . . . 25 —
Durch Herrn Joseph Lewin in Bruck von dortiger Gemeinde 17 30
Herr Schülein Heidecker in Regensburg . . . 9 27
Durch Herrn Cultusvorstand S. W. A. Seemann in Gunzenhausen von den Herren: Beis Kromenall 3 fl. 30 kr., G. Bergmann 2 fl., Joel Gerst 2 fl, Clam Steinhard 2 fl., Frau Wittwe Cromwell 1 fl, David Joelsohn 1 fl, Gesellschaft Gemilus Chasodim Elkan Joelsohn 3 fl., M. Rau 1 fl, zusammen . . . 15 30
Herr Hirsch Frank in Oettershausen . . . 5 —
Durch Herrn Cultusvorstand Samuel Rothschild in Hörstein von den Herren Samuel Rothschild I. 2 fl., Herz Hambur-

Gründungsbeiträge und Zinsen. 11

	fl.	kr.
ger 1 fl. 45 kr., Löb Löwenthal 1 fl. 54 kr, Löb Grünebaum 30 kr., Maier Grünebaum 30 kr., Simon Hamburger 24 kr., Samuel Rothschild 11. 24 kr., Raphael Rothschild I. 24 kr., Daniel Hamburger 18 kr., Joseph Löwenthal 11. 30 kr., Mabes Grabwohl 30 kr., Manasses Hamburger 12 kr., Raphael Rothschild 11. 18 kr., Raphael Strauß 12 kr., Moses Haas 24 kr., Wittwe Samuel Rothschild 12 kr., Joseph Löwenthal I. 12 kr., Religionslehrer J. Wahler 30 kr., zusammen . . .	11	9
Durch Herrn Seckel Rosenbaum in Theilheim . . .	4	—
Durch Herrn Cultusvorstand Arnold Erlanger in Thalmessingen von dortiger Gemeinde	98	21
Durch Herrn Cultusvorstand Heinrich Heymann in Steinhard von dortiger Gemeinde	50	—
Von der Gemeinde Brünau von den Herren: Gump Klein 1 fl., Hirsch Lichtenauer 3 fl., Löb Bauer 3 fl., Löb Klein sen. 1 fl., Levi Künstler 24 kr., Jsak Stern 36 kr., Samuel Künstler 18kr., Löb Klein jun. 18 kr., zusammen . . .	9	36
Frau Wittwe Mork in Kissingen	30	—
Von den obenerwähnten von Herrn Hayum Lißmann in München gespendeten 100 fl. an einem Bankschein betrugen die desfallsigen Zinsen, welche ebenfalls der Anstalt zugewiesen wurden . . .	2	44
Durch Herrn Cultusvorstand David Schmidt in Forchheim von ihm 10 fl., von den Herren: Sußmann Heller 25 fl., Frau Wittwe Karolina Fränkel 25 fl., Abraham Ebert 1 fl. 45 kr, Philipp Schwarzmann 2 fl, Lehrer Kleemann 3 fl. 30 kr., zusammen . . .	67	15
Anonym mit Poststempel Frankfurt a. M.	100	—
Durch Herrn Cultusvorstand David Gutmann in Heidenheim von einigen dortigen Gemeindegliedern	8	45
Ein Coupons eines österreichischen Looses von 250 fl. (siehe Looseverzeichniß) . . .	10	—

	fl.	kr.
Ein Coupons einer österreichischen Schuldverschreibung von 50 fl., (wie oben) . . .	1	30
Durch Herrn Nathan Sommer in Giebelstadt von den Herren: Anschel Pfeifer 30 kr., Salomon und X Heinemann 36 kr., Anschel Krämer 30 kr, Lippmann 30 kr, Marx Schmidt 1 fl Frau Sila Kohn, Wwe, 1 fl. Jsak Sommer 1 fl, Nathan Mayer 1 fl., Simon Seemann 1 fl., Frau Röschen Mayer 2 fl. 42 kr., Marx Fischer 1 fl. 30 kr., Nathan Sommer selbst 1 fl. 30 kr, zusammen . . .	12	48
Durch Herrn Jakob Hirschberger in Gerolzhofen von dortiger Gemeinde . . .	11	—
Durch Herrn Religionslehrer Schüler in Gerolzhofen von der Gemeinde Bischwind	1	—
Herr Eduard Höchstädter in Nördlingen	5	—
„ Samuel Abler in Allersheim ferner . . .	25	—
An Zinsen von den Captalien der Anstalt, welche bei der k. Filialbank dahier angelegt waren, und deren betreffenden Bankscheine bei der stattgehabten gänzlichen Zahlung des angelauften Hauses der Anstalt als ein Theil derselben mit verwendet und cedirt wurden laut Notariats-Hauptausfertigung vom 15. April 1865 . . .	201	51½
Von Herrn Bernhard Bärmann, früher zu Gunzenhausen, nun zu Fürth, zum Anlauf eines Hauses für die Anstalt inhaltlich notarieller Urkunde die Summa von . . .	5000	—
Durch Herrn Cultusvorsteher Bürger in Hainsfart von dortiger Gemeinde . . .	140	—
Aus der Gemeinde Ermershausen von den Herren Nathan Goldberger 1 fl. 30 kr., Eisig Frießner 1 fl, Emanuel Rau 1 fl, Seligmann Pflaum 30 kr, Gumpel Röthler 30 kr, zusammen . . .	4	30
Durch Herrn Cultus-Vorstand S. Oettinger in Eberheim von den Herren: Gabriel Einstein 2 fl. 42 kr., Seligmann Ball 30 kr., S. L. Rosenberger		

Gründungsbeiträge und Zinsen.

	fl.	kr.		fl.	kr
3 fl. 36 kr., Eph. Oettinger 2 fl., Salomon Rosenberger 3 fl., Seligmann Sternglanz 30 kr., Maier Sternglanz 30 kr., Elias Schweißheimer 30 kr., Reßla Einstein 1 fl. 12 kr., Lehrer Oettinger 24 Elias Sonnenberger 18 kr., Wolf Schweisheimer 1 fl. 30 kr., Wolf Hamburger 30 kr., Salomon Oettinger selbst 2 fl., zusammen	16	12	men, als: 500 fl., 12. Febr. 1864 Zinsen 18 fl. 33 kr., 500 fl. vom 7. April 1864 Zinsen 16 fl. 15 kr, 1000 fl. vom 5. Mai 1864 Zinsen 28 fl. 30 kr., 1000 fl. vom 5. Aug. 1864, Zinsen 22 fl. 45 kr., 600 fl. vom 28. Oktober 1864 Zinsen 9 fl. 27 kr., 600 fl. vom 21. Novbr. 1864 Zinsen 8 fl. 21 kr., 800 fl. vom 16. Dezember 1864 Zinsen 9 fl. 24 kr., zusammen	113	15
" Religionslehrer Wolf Strauß in Autenhausen	5	—	Durch Herrn Cultusvorstand Salomon Wortsmann in Reichmannsdorf, von ihm 2 fl., von den Herren: Jos. Ehrlich 1 fl. 30 kr., Moses Strauß 30 kr., Joseph Schwed 2 fl., Jakob Frankenberger 1 fl., S. Maas, Religionslehrer 1 fl. 45 kr., Joseph Wortsmann jung 30 kr., Jak. Fadelmann 30 kr., Jos. Wortsmann sen. 30 kr., Simon Hirnheimer 1 fl., Wittwe Ehrlich 30 kr., zusammen	11	45
Herr Religionslehrer Simon Buttenwieser in Fechenbach	10	—			
Aus der Gemeinde Karbach von den Herren: Nath. Rosenband 1 fl., F. Jos. Berney 30 kr., Benj. Berney 30 kr., Faust Berney 1 30 kr., Feibel Löb Tannenwald 30 kr., Elias Goßmann 12 kr., Hirsch Gutmann 1 fl 30 kr., Maier Grünwald 11 24 kr, Schaje Gutmann 24 kr, Maier Samuel 24 kr., Faust Berney 11. 24 kr., zus.	6	18			
Herr Religionslehrer Moses Schloß in Monfurt	5	—			
" Friedmann in Mainstockheim ferner	11	—			
" Samuel Rosenthal in Würzburg, Synagogensp. ferner	25	—	Herr L. Scutsch, Studirender in München schickte eine silberne Uhr mit Kettchen, mit dem Bemerken, zur Erinnerung an den Tag des 25jährigen Amts-Jubiläums des Vorstands des Seminars, diese Uhr uud Kettchen nach dessen (des Vorstands) freiem Ermessen für das Seminar zu verwenden, man verkaufte daher diese Uhr mit Kettchen für 12 fl., welche 12 fl. zu den Gründungs-Beiträgen genommen worden	12	—
Herr Samuel Rosenthal in Würzburg Synagogenspende	25	—			
Durch Herrn Cultus-Vorstand B. Neumann in Obereisbach von dortiger Gemeinde	19	45			
Herr Jonas Iggersheimer in Mergentheim ferner	10	—	An Zuschuß auf Gold	—	49
" Dr. Julius Heßdörfer in Frankfurt a/M.	40	—	Durch Herrn Religionslehrer Salomon Bein in Westheim von dortiger Gemeinde	23	40
Frau Rabb. Dr. Lippmann in Kissingen	10	—	An Zuschuß auf Gold	—	52
Durch die Herren Rabbiner Selz und Cultus-Vorstand Lippmann Hechinger in Harburg, von den Herren: Lippmann Hechinger 10 fl, Gerson L. Guggenheimer 2 fl., Bernhard Stein 2 fl., H. H. Gulbmann 1 fl. 10 kr., Hirsch Guggenheimer 1 fl., Joseph Guggenheimer 1 fl. 30 kr., B. L. Blumgart 3 fl., Epstein 1 fl. 30 kr., A. Hiller 1 fl., H. Hiller 1 fl. 10 kr., J. L Guggenheimer 1 fl. 30 kr., Jobel Nebel 1 fl., zusammen	26	50	Herr Jakob Leitner in Sonnerstadt	10	—
			" W. P. Heymann in Copenhagen	100	—
			" Baron L. v. Rothschild in in London durch Herrn Dr. M. Kalisch dort 10 Pfund Sterl.	119	—
An Zinsen von folgenden von der k. Filialbank hier am 8. Mai 1865 zurückgezahlten Summen			Durch Herrn Moritz Hochstädter in Deggingen, von den Herren Joseph Holzmann 2 fl. 45 kr., Salomon Gegel 2 fl. 42 kr., Emanuel Oberdorfer 2 fl. 42 kr.,		

Gründungsbeiträge und Zinsen. 13

	fl.	kr.
Moriz Hochstädter selbst 5 fl., Joseph Rosenbaum 1 fl., Marx Neuburger 1 fl., S. L Segel 1 fl., Samuel Reumann 1 fl., Samuel Kuz 5 fl., Marx Hochstädter 2 fl. 42 kr., Baruch Hochstädter 5 fl., Elias Dampf 24 kr., Baruch L. Hochstädter 8 fl. 6 kr, Mathilde Dampf 1 fl, Lehrer Brater 1 fl., Moses Rocker 1 fl., S. L. Weilheimer 1 fl. 45 kr., S. Weizfelder 1 fl·, Lehmann Weizfelder 1 fl., S. Kronheimer 24 kr., Isak Rei 15 kr., Baruch Stiefel 15 kr., Bernhard Hochstädter 2 fl. 42 kr., Hirsch Kuz 1 fl. 30 kr., Gebrüder Kuz 1 fl. 30 kr, Isak Rei 30 kr., Isak Stiefel 30 kr., Bernhard Weizfelder 1 fl 45 kr., Vorsänger Sonn 1 fl., Moses Sonn 30 kr., Frau Sternberger 35 kr., Hirsch Kuz 24 kr., Daniel Steinharder 1 fl., Marx Kuz 1 fl., zusammen	60	56
Zinsen von einer am 28. April 1865 gekauften 4%Obligation 500 fl. von da bis 1. Juni	1	40
Zinsen von einer 1000 fl. Oblig.	40	—
Herr Salomon Stern in Allersheim	2	42
„ Daniel Epstein in Fulda ferner	50	—
Durch Herrn Cultusvorstand Salomon Roßmann in Frießen, von den Herren: David Strauß 25 fl., Isak Strauß 20 fl., Ludwig Roßbacher 5 fl., Salom. Roßmann 3 fl., Sigmund Bamberger 2 fl., Simon Friedmann 1 fl., Salomon Strauß 2 fl., zusammen	58	—
Herr Dr. P. Voß aus Mittau, Synagogenspende	25	—
Herr Seligmann Eisfelder in Würzburg ferner	10	—
Herr Moses Rau in Fürth ferner	100	—
Ein Ungenannter in Sch. für sich 10 fl., von seiner Schwester 10 fl., zusammen	20	—
Herr Religionslehrer Joseph Levi in Euerbach	5	—
„ J. M. Lonnerstötter in Haßfurt ferner	50	—
Ein Coupons eines östreich. Loo'es von 100 fl. (siehe Loosverzeichniß)	2	30

	fl.	kr.
Herr M. Hartzfeld in Mainz	5	—
An Zuschuß auf Gold	—	12
Herr Jacques Dreifuß in Basel ferner	10	—
„ Simon Goldzieher in Hamburg	8	45
„ Salom. Rothschild in Cöln	10	—
Durch Herrn Abraham Michelbacher in Dettingen, von ihm 50 fl., von den Herren: Nathan Heymann 10 fl., Seligmann Michelbacher 15 fl., Salomon Neuburger 2 fl. 42 kr., Abr. Goldbacher 1 fl., Nathan J. Gutmann 7 fl., Moses J. Gutmann 5 fl. 24 kr., Abrah. Goldschmidt 5 fl., Elias Babmann 7 fl., Simon Febermann 1 fl., Henle M. Gutmann 2 fl. Nathan M. Obermaier 10 fl., Isak Gutmann 3 fl. 30 kr, Leopold Gist 5 fl. 24 kr., Moses Engel 48 kr., zusammen	125	48
Herr S E. Oppenheimer in Würzburg ferner	50	—
Von der Hochzeit des Herrn Joel Maiblum in Niederwerrn	20	—
Herr Maier Seewald in Frankfurt a/M. ferner	100	—
„ Dr. Benzion Ettlinger das.	7	—
„ Leopold Rapp baselbst	25	—
„ Michel L. Mainz daselbst	20	—
„ D. J. Bondi daselbst	35	—
„ Moses Schiff daselbst	5	—
„ Joseph Billmann in München ferner	100	—
Durch Herrn Cultusvorstand Samuel Frank in Memelsdorf, von ihm 2 fl., von den Herren: Samuel Kohn 1 fl., Hirsch Friedsam 1 fl., Abr. Nordheimer 1 fl., Jakob Strauß 1 fl., Mayer Klein 45 kr., S. Fechheimer 1 fl. 10 kr., S. Hofmann 2 fl., zusammen	9	55
Halbjährige Zinsen von einer 500-fl.-Obligation	10	—
Durch Herrn Distrikts-Rabbiner Dr. M. J. Königshöfer in Bagenbach; von den Herren Löw Schönberger in Ermreuth 1 fl., Hirsch Bauer daselbst 1 fl., zusammen	2	—
Summa 24258 fl. 4½ kr.		

II.
Jahres- und momentane Beiträge.
Erstes Jahr.

	fl.	kr.
Durch Herrn Rabbiner Schwarz in Hürben von den Herren:		
" Elias Landauer	25	—
" Max Landauer	10	—
" Salomon Frank	10	—
" J. S. Guggenheimer	12	—
" Moses S Landauer	15	—
" Joseph Raph. Landauer	18	—
" Mayer Landauer und G. Löffler	10	—
" Lazarus Gump	3	—
" J. W. Höchstädter	3	—
" Moritz Bissinger	4	—
" David Neuburger	2	—
" Karl Guggenheimer	3	—
" Joseph Heilbronner	2	—
" Lazarus Heilbronner	2	—
" Abraham Hamburger	2	—
" Samuel Bäck	5	—
" Joseph Dick	1	—
" Abrahm Bach	1	—
" Hirsch Pflaumlacher	1	—
Herr Joseph Billmann in München	12	—
" Bär Lämmlein in Bamberg	10	—
" J. M. Kirchheim in Frankfurt	10	—
" Joseph Hirsch (Firma Aron Hirsch und Sohn) in Halberstadt	50	—
" B. J. Goldschmidt in Bad Homburg auf drei Jahre	10	30
" Benjamin Niederhofheim in Frankfurt a/M. auf drei Jahre	15	—
Durch Herrn Hirsch Stern für den verlebten Seligmann Stern von Mainstockheim auf drei Jahre	15	—
" Joseph Billmann in München für's zweite Jahr voraus bezahlt	12	—
" Bär Lämmlein in Bamberg fürs 2. Jahr vorausbezahlt	10	—
" Sußmann Schloß in Rieneck	2	—
Herr Emanuel Heimann in Homburg a/M.	3	30
" Hirsch Lilienstrauß in Homburg a M.	1	—
" Nison Abler in Laubenbach	1	—
" Levi Worms daselbst	2	42
" Aron Abler daselbst	1	—
" Samuel Strauß daselbst	18	40
" Louis Rosenblatt in Würzburg	25	—
" A. Rosenblatt in Regensburg	25	—
" Abraham Cramer in Thundorf und dessen Söhne	40	—
" Lismann Em. Oppenheimer in Würzburg	25	—
" Simon Em. Oppenheimer in Würzburg	25	—
" Heinrich Frank in Würzburg	10	—
" Samuel Rosenthal in Würzburg	25	—
" Jonas Igersheimer in Mergentheim	25	—
" Abraham Neuberger in Arnstein für sich 10 fl. und für seinen Sohn 2 fl. zusammen	12	—
" Samuel Elbod in Höchberg	5	—
" Seligmann Eisfelder in Würzburg	20	—
" David Guggenheimer in Lengnau	9	27
" Seligmann Friedmann in Königshofen (im Grabfeld) für seinen seligen Vater 25 fl., für sich 25 fl., zusammen	50	—
" J. Schwab und Sohn in Würzburg	5	—
" Feist Berg in Würzburg	10	—
" Hirsch Klein in Bamberg	1	—
Durch denselben für Salomon Wetzlar daselbst	5	—
Durch denselben für Max Ullmann daselbst	3	30
Durch Herrn Religionslehrer Abraham Oppenheimer in Theilheim von den Herren		

Jahres- und momentane Beiträge. 15

	fl.	kr.
Lazarus Baumblatt 2 fl. 42 kr., Jakob Freudenthal 2 fl., Hirsch Schasmin 2 fl. 42 kr., Samuel Baumblatt 2 fl., Mendel Rosenbaum 1 fl. 45 kr., Joel Rosenfelder sen. 2 fl., Salomon Rosenfelder 2 fl., Joel Rosenfelder 2 fl. 42 kr., Löw Schasmin 2 fl. 42 kr., L. M. Klau 2 fl., Jakob Baumblatt 2 fl., Faust Freudenthal 2 fl. 42 kr., A. L. Klau 2 fl., S. M. Klau 1 fl. 45 kr., Isak Klein 1 fl. 45 kr., Löw Kleemann 1 fl. Moses Guggenheimer 1 fl., Lazarus Fink 1 fl., Salomon Friedenheim 1 fl., Jak. Schaalmann 1 fl., Sam. Klau sen. 1 fl. 45 kr., Mendel Freudenthal 15 fl., Heimann Freudenthal 5 fl., David Lebermuth 3 fl. 30 kr., Isak Fink 1 fl., Moses Löb Aron Klau 2 fl., Samuel Aron Klau 1 fl., Wolf Klau 1 fl., Joseph Federleicht 1 fl., Wolf Baumblatt 30 kr., Lazarus Freudenthal 30 kr., Chajim Silberthau 1 fl., zusammen .	70	—
Herr S. W. A. Seemann in Gunzenhausen . . .	20	—
Durch Herrn Samuel Strauß in Rieneck von den Herren Isak Neugaß 1 fl., Moses Neugaß 1 fl., Samuel Eisenmann 1 fl., Samuel Oppenheimer 1 fl., Löb Neugaß 1 fl., Samuel Strauß 1 fl. 20 kr., Heimann Strauß 1 fl., Wolf Schloß 1 fl. 12 kr., Jecheskel Kahn 30 kr., Moses Neugaß jun. 30 kr., Anschel Kahn 36 kr., Benjamin Strauß 18 kr., Zippor Oppenheimer 18 kr., Hanna Schloß 30 kr., zusammen .	11	14
Herr Isak Rosenfelder in Bamberg	5	—
„ Löb Rosenthal in Homburg a/M. . . .	10	—
„ Schmaja Grünbaum das.	10	—
„ Gebrüder J. und D. Carlebach in Mannheim .	30	—
Durch Herrn Salomon Stiebel z. S. in Wassertrüdingen von Wittwe Ella Kohn 10 fl., von den Herren Salomon Feuerstein 3 fl. 30 kr., David Reumeyer 3 fl. 30 kr., zusammen	17	—
Durch Herrn Abraham Merzbacher in München von den Herren: Moses Ettenheimer 12 fl., J. L. Feuchtwanger 12 fl., Ph. Kunreuther 6 fl., von Herrn A. Merzbacher selbst 18 fl., zusammen . . .	48	—
Durch Herrn Religionslehrer Samuel Wechsler in Aschbach von den Herren: Pfeufer Habermann 5 fl., Löb Süßmann 3 fl Juda Marx 1 fl., Juda Süßmann 2 fl, Lehrer Wechsler selbst 1 fl. 45 kr., Jonas Fleischmann 1 fl., Pfeufer Seemann 1 fl, Abraham Gut 30 kr, Simon Seemann 1 fl., Jakob Süß 1 fl. 45 kr, Falk Süß 1 fl. 30 kr., J. B Bayer 1 fl, Joseph Lehmann, 1 fl., Samuel Seemann 1 fl, 30 kr, Benjamin Oppenheimer 1 fl., L. Adelburg 1 fl., M. Seemann Wittwe 30 kr., zusammen .	25	30
Durch Herrn M. Frankenburger in Thüngen von den Herren: Nathan Zeno 5 fl., Moses und Joel Goldschmidt 3 fl., Moritz Fulder 2 fl., Hona Wohl 1 fl, Moses Strauß 36 kr. Getz Salin 48 kr., Hona Stern 30 kr, Hirsch May 30 kr., Anschil Fröhlich 2 fl., Seligmann Sohn 36 kr. Jos. Schreiner 48 kr., Jos. Zuder 36 kr., Löb R. Borchheimer 1 fl., M Frankenburger 2 fl. 30 kr. H. B. Salin 1 fl. zusammen	21	54
Herr Nathan Schulhöfer in Würzburg . . .	15	—
„ Moses Hoffmann in Kissingen	10	—
Durch Herrn Salomon Lonnerstädter in Veitshöchheim von den Herren S. A. Strauß, 15 fl., J. W. Schloß 3 fl., Salomon Strauß 2 fl., Wittwe Therese Strauß 2 fl., S. Lonnerstädter selbst 7 fl., Wittwe Abler 4 fl., zusammen . . .	33	—

Durch Herrn Hirsch Treuchlinger in Heidingsfeld von den Herren: Joseph Rosenheim 10 fl., Salomon Schlenler 10 fl, A. Goldschmitt 5 fl., S. Roman 2 fl. 42 kr., Gebrüder Bachmann 2 fl., W. Reinstein 5 fl., A. J Schwab 5 fl., Juda Hell·

16 Jahres- und momentane Beiträge.

	fl.	kr.		fl.	kr.
mann 5 fl., Sigm. Hellmann 5 fl., Maier Rosenheim 5 fl, Moses Frank 2 fl. 42 kr, Manasses Bachmann 2 fl., Amson Kahn 5 fl., Marum Frank 2 fl, S. L. Steinam 2 fl. 20 kr., Aron Fuchs 2 fl, Amson Schwabacher 5 fl, zusammen	75	44	Frankfurt von den Herren Samuel Moses Jeidels 20 fl., Salomon Schwab 20 fl, L. Schwab 1 10 fl, J. Kaufmann 10 fl., Salomon Joseph Goldschmidt 5 fl, Juda Michael Kulp 10 fl, zusammen	65	—
Herr Amson Schwabacher in Würzburg	25	—	Durch Herrn Religionslehrer Nathan Freund in Rimpar von den Herren Samuel Gundersheimer 5 fl., M. Hoffmann 5 fl., Jüblein Hoffmann 1 fl, Gumpel Stockheimer 3 fl., Wolf Volkmann 1 fl., Samuel Schwab 2 fl., Baruch M. Schwab 1 fl., Joseph Frank 1 fl., Lippmann Lehmann 1 fl., Wolf Hirsch Lehmann 1 fl, dann noch 4 fl ohne Namensangabe, zusammn.		
„ Isak Glaser in Thüngen für sich und seinen Bruder Jakob Glaser	25	—			
„ Moses Schulhöfer in Würzburg	10	—			
Durch Hrn. Jak. Löb Schönfärber in Dornheim von ihm selbst 5 fl, Herren Moses Löb Schönfärber 5 fl, David Hausmann 5 fl., David Wallfisch 2 fl., Samuel Wallfisch 2 fl, Pfeufer Schönfeld 3 fl., Mayer Schönfeld 1 fl. 45 kr, zusammen	23	45		25	—
			Durch Herrn Abraham Lion in Steinach a S von den Herren Gebrüder Frank 4 fl. 30 kr., David Stern 2 fl. 42 kr, David Frei 1 fl. 45 kr., Salomon Wolf 1 fl. 45 kr., Salomon Strauß 2 fl., Marx Siegel 2 fl. 42 kr., Salomon Gutmann 45 kr., Lukas Treuhold 1 fl., Isak Frei 1 fl., Moses Strauß 2 fl., Gerson Geßner 1 fl., L. D. Liebmann 1 fl, Otto Marx Frank 1 fl, Salomon Geßner 45 kr., Maier J. Maier 30 kr., Frau Peßla Treuhold 45 kr., Abraham Lion 2 fl., Löb Stern son. 2 fl, Gabriel Maier 1 fl., 3 kr. wurden für Postschein abgezogen, bleibt		
Herr Heßlein Sonnerstädter in Haßfurt	5	—			
Durch Herrn Löw Flamm in Renzenheim von ihm selbst 4 fl, von den Herren Löb Hausmann 3 fl., Samuel Krämer in Hüttenheim 5 fl., Abraham Mayer 2 fl., Pfeifer Hausmann 2 fl., Baruch Hahn 36 kr. von Löw Flamm selbst ferner 9 kr., zusammen	16	45			
Herr Feibel Spiegel in Würzburg	5	—			
„ Mayer Schwab von Rimpar	10	—			
Gebrüder Benario in Obernbreit	20	—			
Herr Samuel Wassermann in Bamberg	5	—		30	0
„ Mahrum Weiß in Heidingsfeld	2	—	Herr Abraham L. Epstein in Eichstätten	8	—
Durch Herrn Joel Schrotter in Biebergau von ihm selbst 3 fl., den Herrn Baruch Pracht 2 fl., Mayer Schulhöfer 3 fl. 30 kr., Baruch Grübel 1 fl., Bernhard Maffer 3 fl., Wittwe Reichmann 1 fl., Simon Geißenberger 2 fl. 20 kr., Aron Laubheimer 1 fl., Jakob Laubheimer 1 fl., zusammen	17	50	„ Simon Epstein in Eichstätten auf 3 Jahre	10	—
			Durch Herrn Hirsch Stern in Mainstockheim von den Herren: Jos. Stern 5 fl, Wolf Rothstein 3 fl. 30 kr., Sam. Friedmann 5 fl., H. Stern selbst 7 fl., zusammen	20	30
			Frau Jette Hellmann in Ebelsbach	25	—
Herr Jakob Weichselbaum in Geldersheim 7 fl. und für seine Mutter 3 fl.	10	—	Herr Wolf Süßer in Laudenbach	2	42
			„ S. H. Oppenheimer in Würzburg	25	—
Herr Baron von Rothschild in Paris durch Herrn Albert Cohn daselbst 100 Frcs.	46	40	Von der Gemeinde Kleinbardorf durch den Herrn Cult-Vorst. Hirsch Hoffmann	20	—
Herr Mayer Löb Eger in Bamberg	10	—	Herr Salomon Kohn in Laudenbach	5	—
Durch Herrn L. Weißkopf in					

Jahres- und momentane Beiträge.

	fl.	kr.
Durch Herrn Hirsch Löb Adler in Kleinsteinach für sich 5 fl. und von Andern nicht Genannten 12 fl. 30 kr., zusammen	17	30
Durch Herrn Emanuel Kleemann in Werneck von den Herren: David Weglein 3 fl., Asser Kleemann 2 fl. 42 kr., Kuffel Kleemann 2 fl. 42 kr., Wolf Kleemann 2 fl., Emanuel Kleemann 2 fl., Julius Weglein 1 fl. 30 kr., zusammen	13	54
Durch Herrn Rabbiner Simon Bamberger in Fischach von den Herren: Joachim Fromm 5 fl., Gebrüder Bach 12 fl., Elias Dreifuß 5 fl. zusammen	22	—
Durch Herrn Fürth in Hanau von den Herren: Wolf Stern 3 fl. 30 kr., Isak Stern 1 fl. 45 kr., Salomon Rothschild 1 fl. 45 kr., Lißmann Fürth 7 fl., Michael Fürth 7 fl. zusammen	21	—
Herr Nathan Frank in Estenfeld	5	—
„ Moses Gutmann in Neustadt a/S.	5	15
„ Sußmann Schaßmin in Würzburg	10	—
„ Saly Lewisohn in Hamburg	10	—
„ Elias Raphael Rosenbaum in Zell	10	—
Durch Herrn Lehrer J. Eichel in Treuchtlingen von den Herren: Heinrich Herrmann 8 fl. 6 kr., Ulrich Oestreicher 2 fl. 42 kr., zusammen	10	48
Durch Herrn Cultus-Vorstand Fränkel in Roth von den Herren Isak Fränkel 5 fl. 24 kr., Moritz Niederheimer 3 fl., Salomon Dettinger 2 fl. 42 kr., Jakob Löb Gutmann 2 fl. 42 kr., Isak Niederheimer 2 fl., Abraham Rosa 30 kr., Gerson Hirsch 2 fl., Julius Fränkel 2 fl., Wolf Herzog 3 fl. 30 kr., Moses Weiß 2 fl., Nathan Raumheimer 2 fl., Kalman Freising 1 fl. 30 kr., Maier Fränkel 1 fl., Emanuel Wassermann 30 kr., Aron Bechhöfer 2 fl., Isak Gutmann 1 fl. 45 kr., Heinrich Herzog 2 fl. 42 kr., Moritz Großhut 2 fl. 6 kr., Isak Bechhöfer 2 fl. 42 kr., Aron Wassermann 30 kr., Marx Raumheimer 30 kr., Jakob Großhut 1 fl. 21 kr., Moritz Hellmann 2 fl., Madame Julie Raumheimer 1 fl. 30 kr., Abraham Klein 30 kr., zusammen	50	—
Durch Herrn Maier Löb Bergmann in Völtersleier von den Herren: Samuel Stern 7 fl. Maier Löb Bergmann 1 fl. 45 kr. Mina Bergmann 1 fl. Abraham Ring 1 fl. Moses Wolf Stern 1 fl. 45 kr., zusammen	12	30
Durch Herrn Cultusvorstand K. J. Kleinhäuser in Aibhausen von den Herren: Maier Ackermann 2 fl., Walter 1 fl., Löb Stern 5 fl., Kopel Joseph 1 fl., Isak Kuhn 1 fl., Aron Stern 2 fl., Lippmann 1 fl., Lazarus 15 kr., Stein 15 kr., Lehrer Gutmann 7 fl. 30 kr., Hirsch Frankenberger 30 kr., Nathan Kuhn 30 kr., zusammen	22	—
Durch Herrn Marx Ansbacher Vorbeter in Mönchsroth von den Herren H. W. Marx 10 fl., Gabriel Mayer 2 fl. 42 kr., R. J. Mayer 2 fl. 42 kr., J. B. Ellan 1 fl. 30 kr., Benjamin Ellan 1 fl., Moses Ellan 1 fl., R. B. Mayer 1 fl., Hirsch Mayer 30 kr., Lazarus Marx 5 fl., Jakob Löb Marx 10 fl., Abr. Ber Ascher 2 fl., Vorstand David Löb Levite 2 fl. 42 kr., Israel Koch 2 fl., Benjamin Schulmann 1 fl. 30 kr., Lippmann Behr 1 fl., Oscher Behr 1 fl., Amson Ascher 1 fl., Ellan Levite 1 fl., Scholum Levite 1 fl., Ellan Obermaier 1 fl., Lazarus Ellan 30 kr., Hinfa Ellan 30 kr., Jonas Braun 1 fl. 12 kr., Simon Eppstein 30 kr., David Ellan, Sadler, 1 fl., Löb Ellan, Sattler, 1 fl., Hessel Koch 1 fl. 12 kr., Sondel Koch 30 kr., Salomon Schulmann 1 fl., Wittwe Reichel und Sohn 1 fl., H. Behr 1 fl. zusammen	63	—
Durch Rabbinat und Cultusvorstand in Ansbach von L. Rosenberger	1	—
Durch Herrn J. W. Schmalbach in Schwanfeld von den Herren: M. Blättner 1 fl., S.		

3

Gattmann 1 fl., H. Rothfeld 1 fl., H. Rosenbusch 1 fl., Löb Schäler 1 fl., M. Rosenthal 1 fl., Moses Schäler jun. 1 fl. Jakob Beck 1 fl., Moses Schäler alt 1 fl., Moses Schloß 30 kr., Mathias Schwanfelder 1 fl., J. M. Schloß 1 fl., H. Beck 1 fl., S. L. Stern 1 fl., zus. 13 30

Durch Herrn Cultus-Vorstand Wolf Oberbrunner in Trappstadt von den Herren: Maier Heinemann 1 fl. 45 kr., Gerson Heinemann 1 fl., Wolf Stern 1 fl., Löb Oberbrunner 1 fl., Abraham Freund 1 fl., Regina Freund 27 kr., Samuel L. Oberbrunner 36 kr., Moses Langgut 1 fl., Jachiel Oberbrunner 18 kr., zusammen . 8 6

Durch Herrn Lehrer Landewart in Neustadt a. S. von den Herren: Feist Stern 5 fl., Abr. Maier Stern 1 fl., D. H. Weinstock 1 fl., J. Landewart selbst 1 fl. zusammen 9 —

Herr J. Klein, Religionslehrer in Beitshöchheim . . . 3 30

" Raph. Blum in Acholshausen 10 —

Aus der Gemeinde Zeitlofs von den Herren David Goldschmidt 10 fl., A. Eisfeld 30 kr., Samuel Lewald 42 kr., Isak Rußbaum 1 fl., Wildberg, Lehrer, 30 kr., Sußmann Lewald 1 fl. 30 kr. Lemann Goldner 45 kr., Schmaje Goldner 30 kr., Moses Reich 24 kr., J. Adler 24 kr., Laßer Nußbaum 24 kr., zusammen 16 39

Durch die Herren Rabbiner Dr Löb und Daniel Einstein in Ichenhausen von den Herren: Daniel Einstein selbst 25 fl., Israel Koschland und Söhne 16 fl., Samuel Hirsch 5 fl. 24 kr., Anselm Hirsch 5 fl. 24 kr., Joseph Fellheimer 1 fl., Gerson A. Reichenberger 2 fl. 42 kr., J. Gradmann 2 fl. 42 kr., Moses Regensburger 36 kr., Fall Liebermann 2 fl. 42 kr., Lazarus Bergmann 5 fl. 24 kr., Heinrich Hirsch 3 fl. 30 kr., Salomon Liebermann 1 fl. 30 kr., Gebrüder Wolf 5 fl., Talmud Thora-Verein Leopold Heller 11 fl, Wohlthätigkeits-Verein Leopold Heller 25 fl., Leopold Heller 1 fl., Samuel Schüler 1 fl., Samson Reichenberger u. Co. 8 fl. 6 kr., Elias Gutmann u. Söhne 5 fl., Dr. Löb 2 fl., R. Ullmann, Lehrer, 2 fl., A. Reichenberger 2 fl. 42 kr., Samuel Koschland 1 fl. 30 kr., Gebrüder Sulzer 3 fl., J. Schnattlinger 1 fl. 12 kr., Jakob Gerstle 3 fl. 30 kr., Ungenannt 1 fl. zusammen . 143 54

Herr Wohl, Handels-Institut-Vorstand in Marktbreit . . 5 —

Aus der Gemeinde Greussenheim von den Herren: Baruch Linz 5 fl., Joseph Linz 5 fl., Max Fröhlich für sich und seinen Vater 3 fl., M. Hirnheimer 5 fl., zusammen . . . . 18 —

Durch Herrn Rabbiner Wolf Cohn in Baiersdorf vom Talmud Thora-Verein dort . . 33 —

Durch Herrn Cultusvorstand Beitel Kaufmann in Oberenerheim von den Herren: Koppel Neuburger 5 fl., Kusel Heinemann 5 fl., Löb Sittenheim 5 fl., David Kaufmann 3 fl., Sußmann Kaufmann 2 fl., Hirsch Neuburger 2 fl., David Adler 1 fl. zusammen . . . 23 —

Durch Herrn J. Jüngster in Tann, von ihm 2 fl. 30 kr., von den Herren: B. Freudenthal 2 fl. 30 kr., Gebrüder Heilbronn 4 fl., Sandel Jüngster und J. Freudenthal 1 fl. 30 kr., Asser Sichel 45 kr., Aron Freudenthal 36 kr., Hirsch Stern 2 fl. 42 kr., Salomon Jüngster 1 fl., Raphael Freudenthal 1 fl. 18 kr., Moses Rabenstein 24 kr., M. Goldberg 30 kr., Menke Goldschmidt 15 kr., zusammen . . . . . 17 —

Durch Herrn Cultusvorstand Raphael Löb Theilheimer in Dittenheim von den Herren: Moses Bergmann 2 fl. 42 kr., Raphael Löb Theilheimer selbst 1 fl., Samuel Wolf Rosenfelder 1 fl., Falllein Theilheimer 1 fl., Joseph Zisselberger 1 fl. 12 kr., A. L. Rosenfelder 36 kr., Jakob Rosenfelber 36 kr., Beis R. Waldmann 24 kr., Beis H. Waldmann 24 kr., Moses Weißel 24 kr., Abraham Bergtheil 30 kr., Moses Heselberger 1 fl., Abraham Heselberger 36 kr., David Hei-

Jahres- und momentane Beiträge.   19

	fl.	kr.
mann 6 kr., Levi Bergmann 12 kr., Nathan Theilheimer 24 kr., für den Postschein wurden 6 kr. abgezogeu, bleibt	12	—
Durch Hrn. Cult-Vorst. S. Dannenwald in Schmalnau von den Herren: Löb Heß 24 kr., Sone Oppenheimer 1 fl., Israel Dannewald 1 fl., Mordche Rosincho 18 kr., Isak Kupfer 45 kr., Kusel Dannewald 1 fl., S. Dannewald selbst 1 fl. 30 kr., Moses Oppenheimer 1 fl., Hirsch Oppenheimer 36 kr., Kusel Birkenwald 24 kr., Heinemann Kaufmann 12 kr., Lehrer Weinstock 1 fl., zusammen 9 fl. 9 kr. Gleichzeitig wurden durch Herrn Lehrer Weinstock in der Gemeinde Hättenhausen gesammelt, von den Herren: Is. Mai 1 fl., A. Liebstadt 1 fl., Maier Kamm 1 fl., Löb Kamm, 48 kr., Abr. Kaufherr 1 fl., Gabriel Stern 1 fl., Juda Stern 1 fl., Moses Fleischhacker 12 kr., Marum Buchbaum 48 kr., zusammen 48 fl., also von beiden Gemeinden	16	57
Durch Herrn Cultusvorstand S. W. A. Seemann in Gunzenhausen von den Herren: S. Reinemann 5 fl., Joelsohn 3 fl., Ellan Joelsohn 1 fl., Veis Cromwell 1 fl. 45 kr., Mayer 1 fl., Enslein Blumenstein 1 fl., I. Blumenstein 30 kr., Joel Behr Joelsohn 30 kr., I. Walz 30 kr., B. Wolf 15 kr., zusammen	14	30
Durch Herrn Cultus-Vorstand Jos. Hofmann in Höchheim, von den Herren Jak. Sommer 5 fl., Joseph Hofmann selbst 1 fl., Seligmann Sommer 1 fl. Löser Kahn 2 fl., Gump Kaufmann 1 fl., Jakob Hofmann 1 fl. 45 kr., Löser Friedmann 2 fl., Samuel Metzger 1 fl. 45 kr., J. L. Hofmann 30 kr., Löb Friedmann 30 kr., Lazarus Hofmann 30 kr., Salomon Scheyer 15 kr., Amalie Rosenthal 12 kr., für Porto wurden 21 kr. abgezogen, bleibt	17	6
Herr G. Friedenhein in Werneck	2	—
„ B. Bernarth in Lütsfeld	2	30
„ O. H. Iggersheimer in Dörzbach	5	—
Durch Herrn Cultus-Vorstand A. Weil in Leutershausen, von ihm 5 fl., von den Herren: Moses Ansbacher 4 fl., S. Hartmann 1 fl., S Wittelshofer 1 fl., B. Rosenfeld 1 fl., W. Rosenfeld 1 fl. Nathan Ansbacher 1 fl., Leopold Lippmann 1 fl., zusammen 15 fl. Durch denselben von der Gemeinde Jochsberg: Gebrüder Enslein 4 fl., Lazarus Stern 1 fl., Jacob Jochsberger 30 kr., Benjamin Gutmann 48 kr., J. Jochsberger 30 kr., zusammen 6 fl. 48 kr., also von beiden Gemeinden nach Abzug von 3 kr. für einen Postschein	21	45
Durch Herrn Cultus-Vorstand Jakob Kleemann in Oberlauringen von den Herren: Lehrer Mosbacher 1 fl., Isak Strauß 12 kr., Bonum Rosenberger 2 fl., Brückners Wittib 1 fl., Gerson Heusinger 2 fl., Koppel Steinhäuser 30 kr., Samuel Wormser 1 fl., Israel Hirschberger 1 fl. 45 kr., Judas Wormser 1 fl., Abraham Segen 18 kr., Isak Wormser 1 fl., Joseph Haas 1 fl., Löb Sterzelbach 1 fl., Michael Vogel 30 kr., Joseph Schloß 1 fl., Abraham Rosenthal 2 fl., Gumpel Freudenthal 18 kr., Nathan Fink 1 fl., Simon Morgenroth 1 fl., Isak Kleemann 1 fl., K H. Rosenberger 30 kr., Samuel Steinhäuser 15 kr., Moritz Schloß 1 fl., Samuel Rosenberger 1 fl., Lazarus Eckstein 30 kr., Louis Maier 30 kr., Hajum Reis 15 kr., Simon Fink 30 kr., Elias Rosenberger 36 kr., Israel Eckstein 24 kr., Gedalja Fechheimer 12 kr., zusammen	26	15
Durch Herrn Cultus-Vorstand Mendel Friedmann in Maroldsweisach von dortiger Gemeinde	7	20
Durch Herrn Cultus-Vorstand H. Wolfeiler in Orb von den Herren: Samuel Seliger 2 fl., Seligmann Seliger 3 fl. 30 kr., Seligmann Seliger Joel Sohn ledig 12 kr., Wolfeiler 2 fl. 30 kr., Koppel Eisemann 18 kr., Joseph Eisemann 12 kr., Samuel Eisenmann 9 kr., Salomon und		

20 Jahres- und momentane Beiträge.

	fl.	kr.
Maier Dann 24 kr., Löb und Abraham Seliger 1 fl., Samuel Lichtenstädter 1 fl. 30 kr., Moses Eisemann 18 kr., zusammen	12	3
Herr W. N. Hellmann in Ebelsbach	10	—
„ Lismann H. Lismann in Gelnhausen	12	—
„ Louis Henneberger in Würzburg	25	—
Durch Herrn Cultus-Vorstand Maier Reis in Altenschönbach von den Herren: Abraham Neuburger 5 fl., Josep H. Kohn 1 fl., David Reis 30 kr., Moses Stolf 1 fl. 45 kr., Moses Kohn 1 fl. 21 kr., G.H Sachs 1 fl., Hirsch Kohn 1 fl., Simon Frank 24 kr., Maier Reis 5 fl., Joseph Rosenthal 1 fl., Löb Braun 2 fl., Nachum Schwarz 30 kr., Löb Krackenberger 1 fl. 45 kr., David Scheermann 30 kr., Silbermann 1 fl., Straßburger 30 kr., Gedalja Kuhn 1 fl., Löb Wolfsöheimer 24 kr., Joseph Benjamin Schwarz 1 fl., Kalman Sandfelder 30 kr., N. L. Sachs 1 fl., Joseph Moses Schwarz 18 kr., Amalie Kohn Wwe. 2 fl., Semela Sachs Wwe. 24 kr., Lehrer Kohn 1 fl., zusammen	31	51
Aus der Gemeinde Ermershausen von den Herren Salom. Stern 1 fl., Viktor Stern 1 fl., Martus Stern 1 fl., Feist Zeilberger 1 fl., Rusel Zeilberger 1 fl., Lehrer Salzer 1 fl., zusammen	6	—
Herr Faust Joseph Berney in Karbach	2	—
Durch Herrn Rabbiner Hajum Schwarz in Hürben als Beiträge für's zweite Jahr, von den Herren: Max Landauer 10 fl., Salomon Frank 10 fl., J. S. Guggenheimer 12 fl., Moses S. Landauer 15 fl., Jos. Raph. Landauer 18 fl., Maier Landauer u. G. Löffler 10 fl., Lazarus Gump 3 fl., H W. Hochstädter 3 fl., Moritz Ulfinger 4 fl., David Neuburger 2 fl., Joseph Heilbronner 2 fl., Lazarus Heilbronner 2 fl., zusammen	94	—
Durch Herrn Cultusvorstand Ju-		

	fl.	kr.
das Friedmann in Autenhausen von der Stiftung zur Talmud Thora 5 fl., von den Herren: L.H.Gunzenhäuser 1 fl. 45 kr., Judas Friedmann 1 fl., Löb Gutmann 30 kr., Emanuel Gutmann 52½ kr., Faust Freund 1 fl. 45 kr., Maier Samuel Friedmann 1 fl., Juda Hellmann 1 fl., Moses Gutmann 30 kr., Seligmann Gutmann 30 kr., Pfeufer Gutmann 1 fl., Heß Strauß 36 kr., Moses Friedmann 2 fl., zusammen	17	28½
Durch Herrn Cultus-Vorstand Maier Hirsch in Frankenwinheim von den Herren: Marx Hirsch 24 kr., Hirsch Bamberger 18 kr., Wolf Gottlieb 18 kr., Jakob Hirsch 24 kr., Jos. Jakob 18 kr., Louis Hirsch 1 fl., Maier Hirsch 1 fl., Moses Hirsch 1 fl., Gerson Gerst 1 fl., Sämmlein Hirsch 1 fl., Simon Baum 30 kr., Mariana Gerst 30 kr., zusammen	7	42
Herr Maier Grübel in Bibergau	3	30
Durch Herrn Cultusvorstand A. Mandelbaum in Sulzbach von den Herren: Joseph Engelberger, Gutsbesitzer zu Burggrub, Gerichts Lebendorf 5 fl., A. Mandelbaum 1 fl., Jak. Steinhard 4 fl., Heinrich Heimann 7 fl., Simon Arnstein 2 fl., A. S. Fränkel 1 fl., Joseph Mandelbaum 1 fl., Jakob Luber 1 fl., L. Uhlfelder 1 fl., H. Oestreicher 1 fl., S. Löwi 1 fl., Henoch Steinhard 1 fl., zusammen	26	—
Herr Religionslehrer S. Maas in Reichmannsdorf	1	—
Durch Herrn Cultus-Vorst. Eman. Sichel in Kleinheubach von den Herren: Abraham D. Sichel 1 fl. 45 kr., Isak Halle 1 fl. 45 kr., Nehemias Speier 1 fl. 45 kr., Abraham Sichel 1 fl. 45 kr., Sim. Sichel 2 fl., Emanuel Sichel 1 fl. 45 kr., zusammen	10	45
Durch Herrn Religionslehrer Heyum Fuchs in Kunreuth von den Herren: Hirsch Buchstein 1 fl., Marx Buchstein 3 fl., Maier Sulzberger 1 fl., Jak. Ehrenbacher 1 fl., Löb Fleischmann 1 fl., Gottlieb Hirschscheiter 30 kr., Hirsch Weiten-		

Jahres- und momentane Beiträge.

	fl.	kr.
berger 1 fl., Wittwe Braun 2 fl., Lewi Baureuther 1 fl., Karl Heimann 1 fl., Hirsch Heimann 1 fl., Lehrer Fuchs 1 fl, 30 kr. wurden für Porto abgezogen, bleibt	14	—
Herr Isak Lewald in Homburg a/M.	3	—
Durch Herrn Cultus-Vorst. Salomon Roßmann in Friesen von den Herren: J. J. Mosbacher 10 fl., Simon Friedmann 3 fl., auf drei Jahre vorausbezahlt, Jambert Reitenberger 3 fl., auf 3 Jahre vorausbezahlt, zusammen	10	—
Durch Herrn Distrikts-Rabbiner Thalheimer in Mainbernheim von den Herren: Gerson Rosenblatt in Kleinlangheim 5 fl., Jakob Sondheim daselbst 2 fl., Rothfeld daselbst 2 fl., Sigmund Sondheim daselbst 2 fl., Handburger daselbst 3 fl., Ephraim Eisemann in Marktbreit 5 fl., Samuel Bauer in Bullenheim 1 fl., Simon Zucker in Aub 2 fl., zusammen	23	—
Herr Raphael Freudenberger in Unterleinach	5	—
Durch Herrn Religionslehrer Abraham Rosenbaum in Wiesenfeld von den Herren: Benbit Hanauer 3 fl., Abraham Löb Hecht 3 fl. 30 kr., Abrah. Bamberger 2 fl. 42 kr., Feitel Hanauer 1 fl., Kallmann Grünbaum 2 fl., zusammen	16	12
Herr Ruben Fränkel von Urspringen	5	—
Durch Herrn Religions-Lehrer Abraham Rosenbaum in Wiesenfeld von Herrn Abraham Kahn daselbst	3	30
Durch Herrn Meier J. Holzinger in Feuchtwangen aus dortiger Gemeinde ohne Namensverzeichniß, vergleiche Gründungsbeiträge	53	27
Herr Aron Kohn aus Albhausen (in Philadelphia)	50	—
Herr A. Moses Hamberger in Goßmannsdorf	10	—
Durch Herrn J. J. Adler in Urspringen von ihm selbst 5 fl., von den Herren: J. D. Adler 3 fl., Löw Adler 2 fl., Lion Adler 1 fl., zusammen	11	—
Herr Joseph Billmann in München auf's dritte Jahr	12	—

	fl.	kr.
Herr Baruch Freudenberger in Zellingen	3	—
" Sondel Freudenberger in Unterleinach für dessen Mutter Mirjan Freudenberger	10	—
" H. Jakob in Berlin	175	—
" M. J. Kirchheim in Frankfurt a. M. als Extrabeitrag 10 fl., als Jahresbeitrag 10 fl.	20	—
" Samuel Seidels daselbst als Extrabeitrag 20 fl., als zweiten Jahresbeitrag 20 fl. zusammen	40	—
" Roos daselbst	20	—
" Laz. Meinz daselbst	10	—
" Löb Goldschmidt daselbst	10	—
" L W. Schwabacher daselbst	20	—
" Herz Ruben daselbst	5	—
" Jakob Strauß daselbst	5	—
" S. Eisemann daselbst	10	—
" Juda Kulp daselbst	10	—
" Gebrüder Kohn daselbst	25	—
" L. Schwab I daselbst als Extrabeitrag 5 fl. u. Jahresbeitrag 10 fl. zusammen	15	—
" Gebrüder Goldschmidt das. für's erste Jahr	15	—
" dieselben für's zweite Jahr	15	—
" Moses Löb Meinz daselbst	20	—
Ein nicht genannt sein wollender Herr	600	—
Herr Lazarus Weilersheimer in Großlangheim	5	—
" Jakob Einstein in Kleinnördlingen	15	—
" B J. Goldschmidt in Bad Homburg	10	—
Durch Herren Samuel Frank, Cultusvorstand in Memelsdorf von den Herren: Maier Nordheimer 1 fl., Bär Langstädter 1 fl., Levi Frank 2 fl., D. Gunzenhäuser 1 fl, zusammen	5	—
Herr Samuel Rosenthal in Würzburg Synagogenspende	25	—
" Samuel Elbod in Höchberg Extrabeitrag 5 fl. u. Jahresbeitrag 5 fl., zusammen	10	—
" Löb Abler in Karbach	3	—
" Simon Em. Oppenheimer in Würzburg, Synagogenspende	25	—
Durch Herrn Lehrer Kan in Lendershausen vom dortigen Chevra-Kadischa-Verein	7	—
Ungenannter in Sch.	20	—
Derselbe für seine Schwester	5	36
Herr Strauß in Merchingen, Synagogenspende	1	12

22 Jahres- und momentane Beiträge.

	fl.	kr.
„ Salomon Cramer in Würzburg, Synagogenspende	10	—
„ Leopold Weil in Schweinfurt	5	—
„ Isak Bach in Altenstadt	3	30
„ Joseph Weilersheimer in Heßdorf	1	45
Frau Joseph Schwab Wittwe in Würzburg	50	—
Durch Herrn Cultusvorst. Sußmann Lippstädter in Schweinshaupten, von ihm 1 fl. 30 kr., von den Herren: Julius Schloß 1 fl., Jakob Rosenbach 1 fl., Jakob Breitenbach 30 kr, 30 kr, Nathan Neumann 30 kr., Simon Goldmann 30 kr, Samuel Neumann 1 fl, zusammen	6	—
Herr Jakob Seckelbach in Frankfurt a. M. durch Hrn. Albert Heim in Würzburg	1	30
„ Moritz Birn in Heidingsfeld	8	—
„ Seligmann Eisfelder in Würzburg	20	—
„ Simon Hajum Oppenheimer daselbst	25	—
„ Simon Em. Oppenheimer daselbst	25	—
„ Heinrich Frank daselbst	10	—
„ Samuel Rosenthal daselbst	25	—
„ Isak Schwab und Sohn daselbst	25	—
„ E. R. Rosenbaum in Zell	10	—
„ Samuel Wolf Tannenbaum in Würzburg	2	30
„ F. H. Berg daselbst	10	—
„ Michael Fürth in Hanau für sich 7 fl., für seinen Bruder Lipmann 7 fl., zusammen	14	—
„ Samuel Strauß in Laudenbach	18	—
„ Jakob Löb Marx in Mönchsroth	7	—
Durch Herrn Distr.-Vorst. Dr. M. J. Königshöfer in Hagenbach, was derselbe in der Gemeinde Ermreuth durch Herrn Lehrer Frei sammeln ließ, von den Herren: Maier Schönberger 3 fl, Joseph Bauer 3 fl., Maier Holzinger 1 fl. 45 kr., Marx Reichhold 1 fl., Lazar. Reichhold 1 fl., Berlein Wimmelbacher 1 fl. 30 kr., Feist Holzinger 1 fl., Maier Herzfelder 1 fl., Isak Bamberger 1 fl. 10 kr., L. Mischberger 30 kr., J. M. Lönlein 36 kr., Isak Wimmelbacher 1 fl. 45 kr., Götz Rosenberger 1 fl., Abraham Dorn 36 kr., S. H. Ermreuther 48 kr., Em. Wertheimer 30 kr., Uri Bamberger 3 fl. 30 kr., L. Uhlfelder 42 kr., B. Wassermann 36 kr., Lehrer Frei selbst 2 fl., zusammen	26	58
Herr Isak Müller in Würzburg	25	—
Durch Herrn Löb Selig aus Zeilitzheim von der Hochzeit seiner Tochter mit Herrn Moses Schild von Heßdorf	10	—
Herr Mayer Joseph Schwab in Würzburg, Synagogenspende	10	—
„ Lismann Em. Oppenheimer daselbst	25	—
„ Derselbe als Synagogenspende	5	—
„ Louis Rosenblatt daselbst	25	—
„ Henle Kohn in Wassertrübingen	5	24
Frau Wwe. Elle Kohn daselbst 10 fl., Herr Salomon Feuerstein das. 3 fl. 30 kr., Herr David Neumayer daselbst 3 fl. 30 kr., zusammen	17	—
Herr Nathan Schulhöfer in Würzburg	15	—
„ Moses Schulhöfer daselbst	10	—
„ Emanuel Heimann in Homburg am Main	3	55

Summa 4519 fl. 48½ kr.

III.
Schenkungen an Staatspapieren.

Von den Herren L. W. Schwabacher in Frankfurt am Main und A. Schwabacher in Würzburg ein österreichisches 250 fl. Loos.
Von Herrn M. J. Kirchheim in Frankfurt a. M. ein österreichisches Staatspapier von 50 fl.
Von Herrn L. W. Schwabacher in Frankfurt a. M. ein österreichisches 100 fl. Loos.
Von Herrn Samuel Elbod in Höchberg ein Ansbach-Gunzenhäuser Loos.

Ausgaben.
Erstes Jahr.

Lit.	Beleg-Nr.		fl.	kr.
A	1 mit 46	Gehalte der Lehrer und des Hausmeisters	1528	32
B	47—50	Lehrer-Gratifikationen	200	—
C	51	Hausarzt	25	—
D	52—63	Für die Küche und Beleuchtung	283	8
E	64—75	Bäcker	343	24
F	76—87	Metzger	367	46
G	88—100	Beheizung	194	18
H	101—115	Buchdruckerei	88	25
J	116—118	Schreibmaterialien	27	51
K	119—120	Dienstboten	123	18
L	121—128	Buch- und Kunsthandlungen	73	13
M	129—132	Buchbinder	15	12
N	133—135	Spezereiwaaren	74	1
O	136—137	Zeitungen	4	20
P	138	Apotheke	1	4
Q	139—169	Innere Einrichtung der Anstalt	897	51
R	170—190	Ankauf des Hauses für die Anstalt	16466	31
S	Laut Buch	Portis	37	34
T	191—194	Reisespesen	19	30
		Summa	20770	59

Zusammenstellung:

Einnahmen   28777 fl. 51 kr.
Ausgaben   20770 fl. 59 kr.
Cassabestand   8006 fl. 52 kr.

nebst obigen Schenkungen an Staatspapieren.

Zweites Jahr.

I.
Gründungsbeiträge und Zinsen.

	fl.	kr.		fl.	kr.
Herr Jakob Seemann in Neubrunn			dto. von österr. 50 fl. Schuldverschreibung vom 1 Okt. 1865 1 fl. 24 kr., vom 1. April 1866 1 fl. 24 kr.	2	48
Zinsen von 500 fl.-Obligation	7	—			
Herr Maier Strauß in Heilbronn	10	—			
Durch Herrn Cultusvorstand Seligmann Maier in Unteraltertheim, von den Herren: Hänlein Fröhlich 30 kr., Moses Löw Braymann 12 kr., Salomon Braymann 1 fl., David Braymann 1 fl., Maier Fröhlich J. 18 kr., Jsak Braymann 12 kr., Samson Fröhlich A. 9 kr., Seligmann Maier selbst 9 kr., zusammen	10	—	dto. des österr. Looses von 250 fl. 1. April 1866	10	30
			dto. von 500 fl. Obligation vom 1. Mai	20	—
			Durch Herrn Adolph Ph. Reichenbach in Wallenstädt was er von verschiedenen Freunden während seines Aufenthalts in Leipzig gesammelt	7	35
	3	30	Zinsen von 1000 fl. Obligation vom 1. Juni	40	—
Zinsen des österreich. Looses von 100 fl.	2	30	ditto von 1000 fl. Obligation vom 1. Juni	40	—
Zinsen von 1000 fl. Obligation vom 1. Februar	40	—	ditto von 1000 fl. Obligation vom 1. Juni	40	—
ditto von 1000 fl. Obligation v. 1. Februar	40	—	Auf Grund eines Testaments des zu Eberheim verstorbenen Hrn. Elias Neuburger und darauf gepflogenen Beschlusses des Herrn Distrikts-Rabbin. Weißkopf in Wallerstein zur Erhöhung des Seminar-Gründungs-Capitals eingesandt von Herrn S. Dettinger als Testamentsexecutor dort	87	23
Herr Hirsch Kastor in Bamberg Durch Herrn Rabbiner Simon Bamberger in Fischach, von den Herren: Simon Deller 1 fl., Jsak Fromm 3 fl., Leopold Maier 2 fl., S. Mendle 2 fl., M. Götz 2 fl., M. Gunz 3 fl. 30 kr., David Feist 2 fl., Nathan Lämle 3 fl., Jsak Löwenberg 2 fl, Moses Lämmle 2 fl. Gebrüder Bach 3 fl. 30 kr., Joseph Gunz 2 fl., zusammen	50	—			
	28	—	Zinsen von 1000 fl. Obligation vom 1. August	40	—
Herr Joseph Gunz daselbst durch denselben	25	—	ditto des österr. 50 fl. National	1	24
Zinsen von 500 fl. Obligation vom 1. Mai	10	—	ditto des österr. 100 fl.-Looses vom 1. Mai	2	6
dto. von 500 fl.-Obligation vom 1. Mai	10	—	ditto vom 1. November	2	6
dto. von 500 fl.-Obligation vom 1. Mai	10	—	ditto von 500 fl.-Obligation vom 1. Nov.	10	—
dto. von 500 fl.-Obligation vom 1. Mai	20	—	ditto von 500 fl.-Obligat. vom 1. Nov.	10	—
			ditto von 500 fl.-Obligat. vom 1 Nov.	10	—
			Summa	589	52

II.
Jahres- und momentane Beiträge.
Zweites Jahr.

	fl.	kr.
Herr Amson Schwabacher in Würzburg	25	—
„ S. A. Strauß daselbst	15	—
„ Abraham Cramer u. Söhne in Thunborf	40	—
„ Samuel Krämer in Huttenheim	5	30
„ David Mayer in Sickershausen	5	—
Durch Herrn Jakob Löb, Schönfärber in Dornheim von sich 5 fl. von den Herren: Moses Löb Schönfärber 5 fl., David Hausmann 5 fl., David Wallfisch 2 fl., Samuel Wallfisch 2 fl., Pfeufer Schönfeld 3 fl., zusammen	22	—
Herr Sußmann Schloß in Rieneck	2	—
Durch Herrn Religionslehrer Abr. Oppenheimer in Theilheim von Herren: Lazarus Baumblatt I 2 fl. 42 kr., Jakob Freudenthal 2 fl., Hirsch Schasmin 2 fl., 42 kr., Samuel Baumblatt 2 fl., Lazarus Baumblatt II 1 fl., Mendel Rosenbaum 1 fl. 45 kr., Joel Rosenfelder I 3 fl., Salom. Rosenfelder 2 fl., Joel Rosenfelder II 2 fl. 42 kr., Samuel Aron Klau 1 fl., Isak Baumblatt 1 fl. 45 kr., Löb Schasmin 5 fl. 24 kr., Löb Klau 2 fl., Aron Moses Klau 1 fl., Jakob Baumblatt 1 fl., Bela Wittwe des Herrn Faust Freudenthal 2 fl. 42 kr., Aron Löb Klau 2 fl., Samuel Moses Klau 1 fl., Isak Klein 1 fl. 45 kr., Löb Kleemann 1 fl., Wolf Klau 1 fl., Joseph Federleicht 1 fl., Moses Eugenheimer 1 fl., Moses Löb Klau 3 fl. 30 kr., Lazarus Fink 1 fl., Salomon Friedenhein 1 fl., Wolf Baumblatt 3 fl. 30 kr., Samuel Klau sen. 1 fl. 45 kr., Hayum Silberthau 1 fl., Mendel Freudenthal 15 fl., Heimann Freudenthal 5 fl., David Lebermuth 3 fl 30 kr., Mayer Freudenthal 1 fl., Lazarus Freudenthal 1 fl., Mayer Baum 1 fl, zusammen	81	42
Herr Hirsch Oppenheimer in Gronau	8	45
„ Abraham Reuberger in Arnstein	10	—
„ Joseph Perlstein in Kopenhagen für's erste Jahr 10 Thlr., für zweite Jahr 10 Thlr.	35	—
Frau des Herrn Joseph Linz in Greußenheim	2	20
Durch Herrn Isak Kleemann in Oberlauringen von den Herren: Lehrer Mosbacher 1 fl., Isak Strauß 12 kr., Bonum Rosenberger 2 fl., Brückners Wwe. 1 fl, Gerson Heußinger 2 fl., Koppel Steinhäuser 30 kr., Samuel Wormser 1 fl., Israel Hirschberger 1 fl. 45 kr., Judas Wormser 1 fl., Abraham Sengen 18 kr., Isak Wormser 1 fl., Joseph Haas 1 fl, Löb Sterzelbach 1 fl., Michel Bogel 30 kr., Abraham Rosenthal 2 fl., Gumbel Friedenthal 18 kr., Nathan Fink 1 fl., Simon Morgenroth 1 fl., Isak Kleemann 1 fl, B. H. Rosenberger 30 kr., Samuel Steinhäuser 15 kr., Moritz Schloß 1 fl., Samuel Rosenberger 1 fl., Lazarus Eckstein 30 kr., Louis Meier 30 kr., Heium Reuß 15 kr., Simon Fink 1 fl 30 kr., Israel Eckstein 24 kr., Joseph Schloß 1 fl., Elias Rosenberger 36 kr., zusammen	26	3
Herr Seligmann Friedmann in Königshofen (im Grabfeld) für seine Mutter 25 fl. und für sich 25 fl., zusammen	50	—
Durch Herrn Cultusvorstand H. Hofmann in Kleinbardorf von von der dortigen Gemeinde	20	—

Jahres- und momentane Beiträge.

	fl.	kr.
Herr Aron Hirsch und Sohn in Halberstadt	61	15
„ Moses Hofmann in Kissingen	10	—
„ Joseph Frank in Würzburg für's zweite Jahr 5 fl., für's dritte Jahr 5 fl.	10	—
Durch Fräulein Gitel Flamm von Nenzenheim von deren Mutter und Geschwister 5 fl., von Herrn Abraham Maier in Hüttenheim 2 fl., Sprinz Hausmann in Nenzenheim 3 fl., zusammen	10	—
Herr A. Rosenblatt in Regensburg	25	—
„ Bär Lämmlein in Bamberg für's dritte Jahr 10 fl., Extra-Beitrag 10 fl., zusammen	20	—
„ Hirsch Frank in Oettershausen	5	—
Durch Herrn Rabbiner E. Rosenstein in Berlin von Herrn Hare Jakob 50 Thlr. pr. C.	87	30
Herr Nathan Frank in Estenfeld	5	—
Durch Herrn Emanuel Kleemann in Werneck von den Herren: David Weglein 3 fl., Asser Kleemann 2 fl. 42 kr., Kufel Kleemann 2 fl. 42 kr., Wolf Kleemann 2 fl., Emanuel Kleemann 2 fl., G. Friedenheim 2 fl., Julius Weglein 1 fl. 30 kr., zusammen	15	54
Durch Herrn Religionslehrer Samuel Oppenheimer in Rieneck von den Herren: Samuel Strauß 1 fl. 30 kr., Samuel Oppenheimer 1 fl. 30 kr., Samuel Eisemann 1 fl., Wolf Schloß 30 kr., Benjamin Strauß 30 kr., Hanna Schloß 30 kr., Ungenannt 1 fl. 12 kr., zusammen	6	42
Herr Baron v. Rothschild in Paris durch Herrn Albert Cohn 50 Francs	23	20
Durch Herrn Religionslehrer Samuel Wechsler in Aschbach von den Herren: Simon Habermann 7 fl., Löb Sußmann 3 fl., Samuel Seemann 2 fl. 45 kr., Jakob Süß 2 fl. 42 kr., Samuel Wechsler 2 fl. 24 kr, Jos Lehmann 2 fl., Mad. Kehla Süß 1 fl. 45 kr., Madame Lea Adelburg 1 fl. 45 kr., Simon		

	fl.	kr.
Seemann 1 fl., Isak Baier 1 fl. 15 kr., Benjamin Oppenheimer 1 fl., Juda Sußmann 2 fl., Juda Marx 1 fl., Pfeufer Seemann 1 fl., Jonas Fleischmann 1 fl., Madame Mina Seemann 36 kr., Abraham Löb Gut 30 kr., zusammen	32	42
Herr E. Sickenheimer in Obereuerheim	5	—
„ Feibel Spiegel in Würzburg	5	—
„ Sußmann Schaßmin das.	10	—
Durch Herrn A. Mandelbaum in Sulzbach von den Herren: Jakob Steinhard 4 fl., Heinrich Steinhard 1 fl., Lazarus Uhlfelder 1 fl, Heinrich Heymaun 7 fl., Jos. Engelberger 5 fl., zusammen	18	—
Herr B. J. Schwab in Uffenheim	21	—
„ Abraham L. Epstein in Eichstätten	8	—
„ Hirsch Klein in Bamberg	10	—
„ Salomon Wetzlar daselbst	5	—
„ Max Ullmann daselbst	5	—
Durch Herrn Distrikts-Rabbiner in Ansbach von den Herren: Juda Löw Rosenberg 1 fl., vom Talmud-Tora-Verein 3 fl. und dem Herrn Rabbiner selbst 1 fl., zusammen	5	—
Durch Herrn Abraham Merzbacher in München von ihm 18 fl., von den Herren: Herz Fränkel 2 fl., M. Ettenheimer 12 fl. J. L. Feuchtwanger 12 fl., Ph. Kunreuther 6 fl., zusammen	50	—
Herr Seligmann Seliger in Orb	10	—
„ Seligmann Donnerstädter in Haßfurt	10	—
„ Samuel Adler in Allesheim	15	—
Frau Betty Hartwig, Wittwe des Herrn Nathan Hartwig in Kopenhagen mit der Bemerkung, daß dieses Geld im Namen ihres seligen Vaters	43	45
Durch Herrn S. W. A. Seemann in Gunzenhausen von ihm 20 fl., von den Herren: Joel Bär Joelsohn 30 kr., Lazarus Joelsohn 3 fl., Elkan Joelsohn 1 fl., Reinemann 5 fl., E. Blumenstein 1 fl., J. Reinach 1 fl., G. Bergmann 1 fl., D. Joelsohn 1 fl., Steinhard Wittib 1 fl., Rosenbach Wittib 1 fl., Jos. Malz 30 kr., Jak. Gerst 1 fl., Beis Krommell 1 fl. 45		

Jahres- und momentane Beiträge.

	fl.	kr.
kr., Kale Kromwell 30 kr., B. Wolf Commis 45 kr., zusammen	40	—
Durch Herrn David Sulzbacher in Mergentheim von den Herren: Jakob Hirsch 4 fl., S. Hochheimer 1 fl 30 kr., J. J. Jonas 2 fl., Abr. Jgersheimer 1 fl., Moses Jfri 1 fl., Sam. Abr. Hirsch 2 fl., D. Sulzbacher selbst 1 fl., zusammen	12	30
Durch Herrn J. Jüngster in Tann von sich 2 fl. 30 kr., von den Herren: M. Jüngster 1 fl., B. Freudenthal 2 fl. 30 kr., Gebrüder Hellbronn 4 fl., Jsak Freudenthal 1 fl. 30 kr., Moses Rabenstein 24 kr., M. Goldberg, Lehrer, 30 kr., Salomon Jüngster 1 fl., Asur Eichel 45 kr., Menki Goldschmidt 15 kr., Hirsch Stern 1 fl., zusammen	15	24
Durch Herrn B. Gutmann in Aibhausen, von den Herren: Maier Ackermann 3 fl., Gebrüder Stern 7 fl., Lehrer Gutmann selbst 7 fl. 30 kr., Kleinhäuser 1 fl., Lippmann Kuhn 1 fl., J. Stein 18 kr., Lazarus Kuhn 12 kr., zusammen	20	—
Herr Carl Jos. Schwab in Würzburg	20	—
" Feist Stern in Neustadt a/S. als Jahresbeitrag 5 fl. als Spende 1 fl. 12 kr.	6	12
" Sußmann Stern das.	2	—
" Jakob Leitner in Donnerstadt	4	—
" Salomon Heinemann in Obereuerheim	10	—
" Kufel Heinemann daselbst	5	—
Frau Sara Heinemann daselbst	—	30
Herr Krämer in Hüttenheim	3	—
Durch Herrn Rabbiner L Wißmann in Schwabach von den Herren: Nathan Feuchtwanger 25 fl., M. Weinschenk 25 fl., M. Kohn 10 fl., H. Ortenstein 25 fl., S. H. Herrmann 5 fl, H. Biringer 4 fl., H. Ullmann 10 fl., J. L. Rosenbaum 5 fl, A. H. Bechhöfer 4 fl., S. Enslein 3 fl., Salomon Feuchtwanger 4 fl., Ella Löwenthal 2 fl., L. H. Löwenstein 1 fl., Julius Wechsler 5 fl, Rabbiner Wißmann 5 fl., Jos. Rosenheimer 2 fl., H. Lein 7 fl., S. Wechsler, Wittwe, 5 fl., M. Strauß 1 fl. 45 kr., L. Lamm 3 fl, zusammen	151	45
Durch gedachten Herrn Rabbiner Wißmann von der Gemeinde Georgsgemünd von den Herren: Michel Felling 2 fl. 42 kr., Marum Ellingar 1 fl. 45 kr., H. Heidecker 1 fl., Aron Gern's Wittwe 1 fl 45 kr, Abraham Neumarkts Wwe. 2 fl. 42 kr., J. G. Windsbacher 1 fl. 45 kr., Emanuel Neumarkt 1 fl. 45 kr., S. H. Neumarkt 2 fl., L. Apfel 1 fl. 45 kr., H. Gern's Wwe. 1 fl., Lämmlein Heidecker 1 fl., Ofcher Neumark 1 fl., Moses Sohn 1 fl. 45 kr., Maier Neumark 2 fl., Zacharias Selling 1 fl. 45 kr., Sara Rosenfeld Wwe. 1 fl. 45 kr., Löw Ellinger 1 fl. 45 kr., Samuel Martin 1 fl., dieses Gabenverzeichniß beträgt eigentlich 30 fl. 9 kr., allein der Herr Einsender bemerkte, daß die Einzahlung blos von 29 fl. erfolgte	29	—
Durch Herrn Cultus-Vorstand Maier Hirsch in Frankenwinnheim von dortiger Gemeinde	7	42
Herr Maier Löb Schwab in Rimpar	10	—
Vom Thorat-Cheseb-Verein in Baiersdorf durch den Cassier Herrn M. J. Lohmann	33	—
Herr Dr. C. Fränkel in Würzburg von einem nicht genannt sein Wollenden	5	—
Durch Herrn Lehrer S. Bein in Steinach a/S. im Auftrag des Herrn Cultusvorstandes Lion von dortiger Gemeinde	26	39
Durch Herrn R. Rosenthal in Mühlfeld von dortiger Gemeinde	7	18
Herr Schmaje Stein in Nordheim	8	20
Durch Herrn Marx Ansbacher in Mönchsroth von den Herren: H. S. L Maier 30 kr, Raphael B. Maier 7 fl , Familie Marx 25 fl, zusammen	32	30
Durch Herrn Cultusvorstand Salomon Stiefel in Hammelburg von ihm 1 fl., von den Herren: Maier Katz 1 fl., Heinrich Katz 1 fl, David Katz 30 kr., Lippmann Schlessinger 30 kr.,		

Jahres- und momentane Beiträge.

	fl.	kr.
Daniel Katz 30 kr., Isak Strauß 30 kr., zusammen	5	—
Herr Jonas Igersheimer in Mergentheim	25	—
Durch die Cultus-Verwaltung zu Heidenheim, von den Herren: Amson Sommer 30 kr., S. Gutmeyer 1 fl., B. H. Gutmeyer 30 kr., Alexander Heimann 30 kr., Moses Salomon Gutmann 1 fl., zusammen	3	30
Herr Wassermann in Bamberg	5	—
Durch Herrn Löb Ullmann in Burgpreppbach von den Herren: Distrikts-Rabbiner J. G. Adler 1 fl. 45 kr., Pfeifer Strauß 20 fl., Moses Hirschmann 10 fl., Samuel Hirschmann 10 fl., Josf. Friedmann 7 fl., Emanuel Adler 5 fl., Löb Ullmann 5 fl., Lehrer Pfeufer 5 fl., Aron Goldstein 3 fl., Wolf und Jak. Blum 3 fl. 30 kr., Jetusiel Schönemann 1 fl. 45 kr., Ella Goldmann 1 fl., Jakob Blum 1 fl., Wwe. Hesa Schönemann 3 fl., Isak Katz 2 fl., zusammen	79	—
Gebrüder Juda u. David Carlebach in Mannheim als jährlichen Beitrag 30 fl., Extra-Beitrag 10 fl., zusammen	40	—
Durch Herrn Hirsch Stern in Mainstockheim von den Herren: Joseph Stern 5 fl., Samuel Friedmann 5 fl., Wolf Rothstein 3 fl. 30 kr., Hirsch Stern 7 fl., Benjamin R. Sonder 3 fl., zusammen	23	30
Herr L. Heß in Bingen für's erste Jahr 5 fl., für's zweite Jahr 5 fl., zusammen	10	—
Durch Herrn Cultusvorstand Levi Worms in Laubenbach von den Herren: Aron Adler 1 fl., Rifon Adler 1 fl., Levi Worms 2 fl. 42 kr., Wolf Süßer 2 fl. 42 kr., Heyum Süßer 3 fl. 30 kr., zusammen	10	54
Durch Herrn Cultus-Vorstand Fränkel in Roth von den Herren: Fränkel Isak 5 fl. 24 kr., Niederheimer Moritz 3 fl., Dettinger Salomon 2 fl. 42 kr., Gutmann Jakob Löw 2 fl. 42 kr., Niederheimer Isak 2 fl., Rosa Abraham 30 kr., Fränkel Julius 2 fl., Hirsch Gerson 2 fl., Herzog Wolf 3 fl. 30 kr. Weiß Moses 2 fl., Raumheimer Nathan 2 fl., Fränkel Maier 1 fl., Wassermann Emanuel 1 fl. 30 kr., Bechhöfer Aron 2 fl., Gutmann Isal 1 fl 45 kr., Herzog Heinrich 2 fl. 42 kr., Großhut Moritz 2 fl. 42 kr., Bechhöfer Isal 2 fl. 42 kr., Wassermann Aron 30 kr., Großhut Jakob 1 fl. 21 kr., Hellmann Moritz 2 fl., Raumheimer Julie, Wittwe 1 fl. 30 kr., Klein Abr. 30 kr.	49	—
Durch Herrn Lehrer Salzer in Ernerähausen für sich 1 fl., von den Herren: Mordchai Stern 1 fl., Abraham Fichtelberger 15 kr., zusammen	2	15
Herr Salomon Kohn in Laubenbach	5	—
Durch Herrn Cultus-Vorstand S. Oettinger in Eberheim von dortiger Gemeinde	15	—
Durch Herrn Cultusvorstand Jos. Hofmann, resp. Lehrer Blüth in Höchheim von dortiger Gemeinde	17	15
Herr Moses Gutmann in Neustadt für das zweite Jahr 5 fl., für das dritte Jahr 5 fl.	10	—
Durch Herrn Lehrer Abraham Weinstock in Schmalnau von den Gemeinden Lütter, Hattenhausen und Schmalnau von den Herren: Heß 24 kr., Hone Gib 18 kr., J. Israel 1 fl., Rosenstrauch 18 kr., J. S. Kupfer 45 kr., Rusel W. 1 fl., S. Inwald 1 fl. 30 kr., Manuel Oppenheimer 1 fl., Hirsch Oppenheimer 36 kr., Kusel Birkenes 24 kr., H. Kaufmann 12 kr., Lehrer Weinstock 1 fl., Abraham Liebstädter 1 fl., J. May 1 fl., Maier Kamm 1 fl., Löb Kamm 48 kr., Abraham Kaufherr 1 fl., Gabriel Stern 1 fl., Juda Stern 1 fl., M. Fleischhacker 12 kr., Marem Rosenbaum 48 kr., zusammen	16	57
Durch Herrn Feist Berliner in Westheim bei Hammelburg von sich 5 fl., Frau Sara Herrmann 1 fl., von den Herren: Simon Goldschmidt 12 kr., Meier Berliner 12 kr., Philipp Klingenstein 12 kr., Samuel Adler 9 kr., Maier Hirschberger 12 kr., Manes Adler 15 kr., Aron Oppenheimer 1 fl., Löb Adler 24 kr., Moses Hirschberger 1 fl., Juda Baumann in Erthal 1 fl., zusammen	10	36

Jahres- und momentane Beiträge.

	fl.	kr.
Durch Herrn Lehrer J. Sichel in Treuchtlingen von den Herren: David Weihmann 25 fl., Vorstand Lazarus Lang 11 fl., Familie Theilheimer 11 fl., Uri Oestreicher 2 fl, 42 kr., Vorstand Jakob Stettauer 2 fl. 42 kr., Heinrich Hermann 8 fl. 6 kr., Salomon Weihmann 2 fl. 42 kr., zusammen	63	12
Durch Herrn Religionslehrer Nathan Freund in Rimpar von den Herren: Samuel Gundersheim 5 fl., Meier Hofmann 4 fl., Jüdlein Hofmann 1 fl. 30 kr. Gumpel Sockheimer 3 fl. 30 kr., Samuel Schwab 2 fl. 30 kr., Baruch M. Schwab 1 fl., Jos. Frank 1 fl. 45 kr., Lippmann Lehmann 1 fl., Wolf Hirsch Lehmann 1 fl., Ungenannten 3 fl. 45 kr., zusammen	25	—
Durch Herrn Rabbiner Dr. Maier Löwenmaier in Sulzbirg von dortiger Gemeinde	24	—
Durch Herrn A. Seliger in Orb von den Herren: S. Lichtenstätter 2 fl. 42 kr., Michel Reis 3 fl., S. Maier 1 fl., zusammen	6	42
Durch Herrn Rabbiner Dr. Löb und den Herrn Cultus-Vorst. Daniel Einstein in Jchenhausen	143	9
Durch Herrn Salomon Lonnerstädter in Veitshöchheim von den Herren: Moses Schloß 3 fl., Salomon Strauß 2 fl, Theres Strauß 2 fl, Joseph Klein 3 fl. 30 kr., Adler Wittwe 4 fl., Salomon Lonnerstädter selbst 7 fl., zusammen	21	30
Aus der Gemeinde Heidingsfeld von den Herren: Joseph Rosenheim 10 fl., A. Goldschmidt 5 fl., S. Romann 2 fl. 42 kr., Gebrüder Bachmann 2 fl., W. Reinstein 5 fl., A. J. Schwab 5 fl., Juda Hellmann 5 fl., Sigm. Hellmann 5 fl., Maier Rosenheim 5 fl., Moses Frank 2 fl. 42 kr., Manases Bachmann 2 fl., Amson Rahn 5 fl, Marum Frank 2 fl., S. L. Steinam 2 fl. 20 kr., Amson Schwabacher 5 fl., Aron Fuchs 2 fl., zusammen	65	44
Aus der Gemeinde Oberaltertheim von den Herren: Herz Strauß 6 kr., Lämmlein Strauß 30 kr., Löb Grünebaum f. 30 kr., Jakob Strauß 30 kr., Löb Rahn 6 kr., Löw Traubel 30 kr., zusammen	2	12
Durch Herrn Cultusvorst. Joseph Schwarz in Egenhausen von den Herren: Lazarus Lehmann 24 kr., Fischel Weißmann 12 kr., Löser Lehmann 18 kr., Abraham Lehmann 18 kr., David Gutmann 12 kr., Aron Aal 16 kr., Joseph M. Schwarz 12 kr., Kalmann Fleischhacker 12 kr., S. Weißmann 12 kr., Joseph Schwarz 1 fl., Lazarus Strauß 1 fl., zusammen	4	16
Herr Isak Kauffmann in Frankfurt am Main	10	—
Durch Herrn Emanuel Sichel in Kleinheubach, von den Herren: Don Sichel 1 fl. 45 kr., Isak Halle 1 fl. 45 kr., Nechemias Speier 1 fl. 45 kr., Abraham Sichel Kaufmann 1 fl. 45 kr., Simon Sichel, Kaufmann 2 fl., Emanuel Sichel, Kaufmann, selbst 1 fl. 45 kr., zusammen	10	45
Herr Aron Fränkel in Urspringen	2	—
Heller in Amerika durch Herrn E. A. Rosenbaum in Zell	50	—
Durch Herrn Rabbiner Dr. M. Königshöfer in Hagenbach, von der Gemeinde Wannbach	22	36
Durch Herrn Religionslehrer Hajum Fuchs in Kunreuth, von den Herren: Hirsch Buchstein 1 fl., Max Buchstein 3 fl., Jakob Ehrenbacher 1 fl., Löb Fleischmann 1 fl., Gottlieb Hirschhofer 30 kr., Wittwe Baum 2 fl., Carl Heimann 1 fl., Hirsch Heimann 1 fl., Hirsch Weitenberger 1 fl., Maier Sulzberger 1 fl., Lehrer Fuchs 1 fl., für Porto wurden 30 kr. abgezogen, bleibt	13	—
Durch Herrn Philipps in Arnstein, von den Herren: Faust Neumann 1 fl., Salomon Frank 1 fl., Joseph Frank 3 fl., Sara Frank 1 fl., Heinrich Neuburger 1 fl., zusammen	7	—
Herr Anselm Frank, Lehrer in Veitshöchheim	1	30
Durch Herrn Cultus-Vorstand Raphael Löw Theilheimer in Dittenheim, von den Herren: Moses Bergmann 2 fl. 42 kr., Raphael L. Theilheimer 1 fl., Samuel Wolf Rosenfelder 1 fl., Fallein Theilheimer 1 fl.,		

Jahres- und momentane Beiträge.

	fl.	kr.
Joseph Hesselberger 1 fl. 12 kr., Abraham Löw Rosenfelder 36 kr., Jakob Rosenfelder 36 kr., Leis Waldmann N. 24 kr., Leis H. Waldmann 24 kr., Moses Meisel 24 kr., Abraham Bergtheil 30 kr., Moses Hesselberger 1 fl., Abraham Hesselberger 36 kr., Nathan Theilheimer 24 kr., Löw Bergmann 12 kr., zusammen	12	—
Durch Herrn Lehrer Strauß in Riedenberg, von den Herren: Israel Strauß 35 kr., Isak Strauß 1 fl., Nani Hecht 1 fl., Hirsch Engelhard 30 kr., Löb Strauß 30 kr., Salomon Engelhard 36 kr., Löb Edelstein 30 kr., Wolf Nußbaum 30 kr., Maier Sitzmann 30 kr., Judas Goldbach 1 fl., Viktor Engel 30 kr., Joseph Edelstein 36 kr. Lehrer Strauß selbst 1 fl. zusammen	8	47
Herr Süßel Süßer in Laubenbach	10	—
Durch Herrn Cultusvorst. Salomon Wahlhaus in Gersfeld von dortiger Gemeinde für's erste Jahr	11	48
Durch Herrn Cultusvorst. Bürger in Hainsfarth von Herrn Simon Gutmann	10	—
Herr M. Weiß in Heidingsfeld	2	—
Durch Herrn Hirsch Löb Adler in Kleinsteinach, von den Herren: Droller 6 kr., J. Schloß 12 kr., M. Walter 12 kr., Sahlheim 30 kr., J. Gutmann 12 kr., Samuel Lichtenstädter 1 fl., Raphael Neumann 5 fl., H. L. Adler selbst 5 fl., zusammen	12	12
Frau Jette Hellmann in Ebelsbach	25	—
Herr L. Lißmann in Gelnhausen	12	—
„ Elias Landauer in München	25	—
„ M. Guldmann daselbst	10	—
„ Jonas Geitinger in Binswangen	16	12
„ Lion Benario in Obernbreit	20	—
„ Daniel Epstein in Fulda	20	—
„ Rabbiner Dr. Maier Fränkel in Witzenhausen	17	30
„ Marx Goldmann, jüngerer in Zeil	5	—
„ Kusel Hofmann in Kissingen	10	—
„ Jakob Weiter in Tauberrettersheim	10	—
Herr Moses Weilersheimer das.	10	—
„ Maier Weilersheimer das.	5	—
„ L. Dyer in Frankfurt a/M.	20	—
„ J. u. G. Goldschmidt das.	20	—
„ Gebrüder Sender in Moßbach-Bibrich	35	—
„ Manuel Kohn in Mainbernheim	10	—
„ Distr.-Rabbin. Thalheimer daselbst	2	42
„ Maier Stern in Mainstockheim	3	—
„ Maier Birn in Eftenfeld	3	—
„ D H Igersheimer in Dörzbach	5	—
Von einem nicht genannt sein wollenden Herrn aus Veranlassung der Erkrankung seines Herrn Schwiegervaters	200	—
Herr Isak Glaser in Thüngen für sich und seinen Bruder Jakob	25	—
„ Nathan Bamberger in Würzburg	2	42
„ Seligmann Maier Goldschmidt in Frankfurt a/M., aus Anlaß der glücklichen Entbindung seiner Frau	15	—
„ Marx Fröhlich für sich und seinen Vater in Greußenheim	3	—
„ Nathan Wolf Hellmann in Ebelsbach	10	—
Durch Herrn Schmaje Rorbschild in Niederwerrn, von den Herren: Samuel Grünebaum 1 fl., Schmaje Rorbschild 1 fl., Maier Grünebaum 1 fl., J. Weiler 30 kr., Manasses Hammelburger 30 kr., S. Rosenstrauß 1 fl., Aron Grünebaum Wittwe 1 fl., Nathan Maiblum 30 kr., Moses Theilhaber 30 kr., Jakob Theilhaber 30 kr., Kusel Rorbschild 1 fl., Markus Gutmann 1 fl., Hirsch Gutmann 30 kr., Daniel Rorbschild 30 kr., zusammen	10	30
Durch Herrn Mendel Hirnheimer in Greußenheim von sich als Jahresbeitrag 5 fl., als Extrabeitrag 6 fl., von den Herren: Baruch Linz 5 fl., Jos. Linz 5 fl., zusammen	21	—
Herr Tobias Bauer in Buttenwiesen	20	—
„ Seligmann Eisfelder in Würzburg	10	—
„ Salomon Schlenker daselbst	10	—
Durch Herrn J. W. Schmalbach		

Jahres- und momentane Beiträge.

	fl.	kr.
in Schwanfeld, von den Herren: M. Schwanfelber 1 fl., H. Rothfeld 1 fl., J. M. Schloß 1 fl., Wittwe Rosenbusch 1 fl., Moses Schloß 30 Moses Schäler 2 fl, Julius Frankenthal 1 fl, Mich. Stern 1 fl., Jakob Rosenbusch 1 fl., Moses Blättner 1 fl., Maier Rosenthal 1 fl, Hay. Berk 1 fl., Löb Schäler 2 fl., S. Gattmann 1 fl, S. Stern 1 fl, Jakob Berk 1 fl., Jakob Haymann 1 fl., Moses Schäler j. 1 fl, J. M Schäler 48 kr, Löb Haymann 30 kr zusamm.	19	48
Herr Jakob Hirschhorn in Böttigheim	10	—
„ David Lichtenfeld daselbst.	1	—
Durch Herrn Löb Hirsch Gunzenhäuser in Autenhausen von dortiger Gemeinde	15	58½
Herr A. Uhlmann in Oberdorf	2	30
„ Salli Löwisohn in Hamburg	20	—
Durch Herrn S. H. Maier in Berolzheim von dortiger Gemeinde	12	30
Herr Religionslehrer Hirsch Eschwege in Karbach	1	30
„ S. Lichtenstädter in Orb.	3	—
„ Samuel Seliger daselbst.	2	—
„ H. Frank aus Haag z. Z. in Würzburg	5	—
Durch Herrn Distrikts-Rabbiner Adler in Burgpreppach, von den nachgenannten Herren in Altenstein: Samuel Kaufmann 3 fl, Simon Kaufmann 3 fl., Abraham Kaufmann 2 fl., zusammen	8	—
Durch Herrn Seligmann Eisfelder in Würzburg von Ungenannt	6	—
Durch Herrn Cultusvorstand A. Weil in Leutershausen von dortiger Gemeinde, sowie von der Gemeinde Jochsberg zusammen 21 fl. 48 kr. und wurden 3 fl., für Postschein abgezogen, bleibt	21	45
Durch Herrn Rabbiner S. Bamberger in Fischach, von den Herren: Simon Deller 1 fl., Joseph Mendle 2 fl, Herrmann Deller 2 fl 42 kr., Joachim Fromm 5 fl., J. Mendle jung 1 fl. 30 kr., S. Maier 1 fl, zusammen	13	12
Durch Herrn A. Seliger in Orb, von den Herren: Seligmann Seliger Joelsohn 12 kr., Jos.		

	fl.	kr.
Eisemann 12 kr., Samuel Eisemann 9 kr., Löb A. Seliger 1 fl., zusammen	1	33
Herr Abraham Schwarzschild in Frankfurt am Main	25	—
„ Salomon Schwab daselbst	11	—
„ Feibel Spiegel in Würzburg, Synagogenspende	1	—
„ Raphael Blum in Acholshausen	10	—
„ Seligmann Selig in Zellitzheim	2	42
„ Alexander Bamberger in Heidingsfeld	2	—
„ Joseph Weilersheimer in Heßdorf	1	45
„ Louis Henneberger in Würzburg	25	—
„ Baruch Schwab in Rimpar	10	—
„ Samuel Bauer in Bullenheim	1	30
„ Feist Joseph Berney in Karbach	2	—
Durch Herrn Cultusvorstand Löb Strauß in Kraisdorf, von den Herren: Hirsch Bruckmann 30 kr., Hajum Bruckmann 1 fl., Moses Strauß 2 fl., Samuel Schloß 30 kr., Moses Oster 12 kr., Abrah. Bruckmann 30 kr., Löb Strauß selbst 2 fl. 18 kr., zusammen	7	—
Herr J. M. Sonnerstädter in Haßfurt	18	—
„ Hecht und Raunheim in Frankfurt am Main	10	—
„ Hajum Schwab in Würzburg	7	—
Durch Herrn Cultusvorstand Kusel Anfänger in Waltershausen von dortiger Gemeinde	4	30
„ A. M. in Frankfurt a. M.	20	—
„ B. J. Goldschmidt in Bad Homburg	18	—
Durch Herrn Cultusvorst. Heinrich Haymann in Steinhard von dortiger Gemeinde auf 3 Jahre vorausbezahlt, zusammen	30	—
Herr Moses Maier in Ludwigshafen	10	—
„ Joseph Mayer das., z. S. in Amerika	10	—
„ Jeremias Weilersheimer in Gaukönigshofen	2	—
„ Adolph Ph. Reichenbach in Ballenstedt in seinem und seines Bruder Namen	5	15
„ Jakob Binswanger u. Comp. in Augsburg	20	—

32 Jahres- und momentane Beiträge.

	fl.	kr.
Herr Löb Crailsheimer in Hohbach	5	—
Ungenannter in Sch.	10	—
Durch Herrn Rabbiner Wetzlar in Gudensberg, von den Herren: A. Spangenthal in Spangenberg 1 Thlr., Mos. Herz das. 1 Thlr., R. S. L. Spangenthal 1 Thlr., Herz Stern 20 Sgr., J. L. Spangenthals Wittwe 15 Sgr., Herz Laj. Spangenthal 15 Sgr., N. N. zu Gudensberg 2 Thlr., zusammen	11	40
Herr Samuel Freudenthal in Würzburg	25	—
„ Jakob Wormser in Carlsruhe	10	—
„ Abraham Sonn in Großlangheim	10	—
„ Josua Goldberger in Fürth	10	—
Frau Wwe. Joseph Schwab in Würzburg	20	—
Herr Löb Rosenthal in Homburg am Main	5	—
„ Lissmann Em. Oppenheimer in Würzburg	10	—
„ Flörsheim in Hamburg fürs erste Jahr 7 fl., für zweite 7 fl., zusammen	14	—
Ungenannter in Eberheim	1	30
„ Emanuel Schonunger, Lehrer in Höchberg	1	—
„ Isak Frank in Estenfeld	14	—
Derselbe als Jahresbeitrag	4	—
„ Birn in Estenfeld	2	42
„ Joseph Elias Kohn in Aurich	8	45
„ Heinrich Frank in Würzburg 10 fl., dessen Gattin 1 fl. 10 kr., für seinen Sohn Emil 1 fl., für seinen Enkel Samuel Siegfried Schwab 30 kr., zusammen	12	40
„ Religionslehrer Mos. Schloß in Monfurt	5	—
„ Abrah. Kastor in Würzburg	25	—
Frau Dr. Lippmann aus Kissingen in Würzburg	10	—
Herr Moses Isak Oppenheimer in Frankfurt am Main	10	—
„ Moses Sichel in Gemünden	5	—
„ Marx Gütermann in Bamberg	10	—
„ Samuel Heß in Unterleinach	5	—
Frau Joseph Linz in Greussenheim	1	—
Durch Herrn Religionslehrer S. Maaß in Reichmannsdorf, von		

	fl.	kr.
den Herren: Cultusvorstand Salomon Wortsmann 4 fl., Joseph Ehrlich 1 fl. 30 kr., Moses Strauß 30 kr, Joseph Schwed 2 fl., Jakob Krackenberger 1 fl, S. Maaß selbst 1 fl., Joseph Wortsmann jg. 30 kr, J. Fadelmann 30 kr., Joseph Wortsmann sen. 30 kr., Simon Hirnheimer 1 fl, Wwe. Ehrlich 30 kr., zusammen	13	—
Herr Salomon Bing in Würzburg	25	—
„ Simon Em. Oppenheimer daselbst	18	—
Durch Herrn Religionslehrer Abraham Oppenheimer in Theilheim, von den Herren: David Lebermuth 2 fl., Hirsch Schasmin 1 fl. 45 kr., Löb Schasmin 2 fl. 42 kr., Jakob Freudenthal 1 fl., Moses Löb Klau 2 fl. 42 kr., Löb Moses Klau 1 fl. 30 kr., zusammen	11	39
Herr Ascher Dann in Frankfurt	5	—
„ Gumperz Dann daselbst	10	—
„ Heimann Freudenthal in Würzburg	10	—
„ Moses Maier in Ludwigshafen	5	—
„ Koppel Reuberger in Obereuerheim 5 fl, von dessen Vater Hirsch Reuberger 2 fl., zusammen	7	—
„ Jak. Rosenbusch in Schwanfeld	15	—
Ungenannter in Sch.	15	—
Herr Samuel Strauß in Laubenbach	7	—
„ Maier Reumond in Kaiserslautern	1	45
„ Salomon Hirsch in Acholshausen	10	—
„ Jeidel Feilchenblau's Wwe. in Eichenhausen	10	—
„ Feist Berg in Würzburg	6	—
„ Carl Schwab daselbst	10	—
Durch Herrn Religionslehrer R. Goldschmidt in Bibergau von den Herren: Joel Schrotter 3 fl., Baruch Pracht 2 fl., Maier Schulhöfer 3 fl. 30 kr., Baruch Grübel 1 fl., Bernhard Maaßer 3 fl, Marcus Simon Geißenberger 2 fl. 20 kr., Aron Laubheim 1 fl., Jakob Laubheim 1 fl., zusammen	16	50
Herr Louis Wertheimber in Frankfurt am Main	5	—

Jahres- und momentane Beiträge.

	fl.	kr.
„ Moses Sichel in Grünsfeld	20	—
„ J. B. Moßbacher in Friesen	10	—
„ Salomon Lonnerstädter in Veitshöchheim	10	—
Durch Herrn Relig.-Lehrer Abrah. Rosenbaum in Wiesenfeld von den Herren: Feitel Hanauer 1 fl. 5 fl., Kaufmann Lichtenstädter 6 fl., Kallmann Grünebaum 2 fl. 30 kr., Abraham Bamberger 2 fl. 42 kr., Abraham Löb Hecht 3 fl. 30 kr, Marx Braunold 1 fl., Benkit Hanauer 3 fl., zusammen	22	42
Durch Herrn Cult.-Vorst. Maier Reis in Altenschönbach von den Herren: Abraham Neuburger 5 fl., Joseph Kohn 1 fl., David Reis 30 kr., Moses Stulf 1 fl. 45 kr., Moses Kohn 1 fl. 21 kr., G. Hirsch Sachs 1 fl., Hirsch Kohn 1 fl., Sim. Frank 24 kr., Mayer Reis 5 fl., Joseph Rosenthal 1 fl., Löb Braun 2 fl., Nachum Schwarz 30 kr., Löb Kralenberger 1 fl. 45 kr., David Scheermann 30 kr., Samson Silbermann 1 fl., Straßburger 30 kr., Gebaljah Kuhn 1 fl., Jos. Schwarzsen. 1 fl., A. L. Sachs 1 fl., Joseph Schwarz jun. 18 kr., Amalie Kohn Wittwe 2 fl., Semele Sachs Wittwe 24 kr., Sandfelder 30 kr., Lehrer Kohn 1 fl., zusammen	31	27
Herr Julius Schnabig in Frankfurt am Main	15	—
„ Salomon Lonnestädter in Veitshöchheim	10	—
Durch Herrn Distrikts-Rabbiner J. L. Thalheimer in Mainbernheim, von den Herren: Lehmann Frankl in Rödelsee 4 fl., Jakob Rosenbusch in Schwanfeld 5 fl., Sim. Zucker in Aub 2 fl., Julius Hanauer in Berlichingen 2 fl., von verschiedenen Leuten 2 fl. 6 kr., zusammen	15	6
Durch Herrn Maier J. Holzinger in Feuchtwangen von dortiger Gemeinde	53	27
Durch Herrn Cultusvorstand J. W. Schmalbach in Schwanfeld als Ergebniß einer dortselbst vorgenommenen außerordentlichen Sammlung	5	3
Herr Bär Lämmlein in Bamberg		

	fl.	kr.
auf's vierte Jahr vorausbezahlt	10	—
„ Emanuel Wenkle in Fischach	1	—
„ Jeremias Weilersheimer in Gaukönigshofen	1	—
Von demselben ferner	1	—
Herr Löb Wellersheimer in Würzburg	10	—
„ Hänle Kohn in Wassertrübingen	10	—
„ Samuel Elbob in Höchberg	10	—
Durch Herrn Dr. E. Fränkel in Würzburg von Ungenannt	25	—
Herr F. Sichel in Gemünden	2	—
Durch Herrn Moses Sichel in Gemünden von Ungenannt	1	—
Herr Häßlein Lonnestädter in Haßfurt	10	—
„ Josua Straus in Obbach	2	—
Zuschuß an Gold	—	16
Herr Dr. E. Fränkel iu Würzburg	5	—
„ Jakob Löb Schönfärber in Dornheim	7	—
„ Maier Schönfeld in Dornheim	1	10
„ S. Selig in Zeilitzheim	5	15
„ Raphael Blum in Acholshausen	10	—
„ Sal. Selig in Zeilitzheim	5	—
„ Zeidel Reumann in Gerolshausen	15	—
„ S. Kahn Wwe. in Würzburg	3	—
„ Mayer Seewald in Frankfurt a. M.	40	—
„ Lissmann Em. Oppenheimer in Würzburg	8	21
„ Sam. Straus in Laubenbach	5	—
„ E. R. Rosenbaum in Zell	13	45
„ Samuel Jung in Würzburg	2	42
„ Mendel Freudenthal das.	10	—
„ Sal. Lonnestädter in Veitshöchheim	10	—
„ Benjamin Süsser in Würzburg	10	—
„ Joseph Rosenthal daselbst	20	—
„ Maier Rosenthal in Rimpar	5	15
„ Baron Joel Jakob v. Hirsch in Würzburg	50	—
„ M. J. Schwab daselbst	10	—
„ Samuel Heim daselbst	10	—
„ Maier Hofmann in Rimpar	5	—
„ Simon Em. Oppenheimer in Würzburg	50	—
„ Aron Hirsch und Sohn in Halberstadt	43	45
„ Mendel Hirnheimer in Greußenheim	17	30

34 Jahres- und momentane Beiträge.

	fl.	kr.
Herr Baruch Freudenberger in Zellingen	1	45
„ Seligmann Steinam in Heidingsfeld	3	30
„ Jakob Straus in Frankfurt am Main	10	—
„ Abraham Neuberger in Arnstein	5	—
„ Salomon Sonnerstädter in Veitshöchheim	10	—
„ Maier Löb Eger in Bamberg	20	—
„ Hirsch Oppenheimer in Gronau	8	45
„ Ungenannter in Sch.	30	—
„ Joseph Billmann in München	25	—
„ Isak Rosenfelder in Bamberg	5	—
Ein nicht genannt sein wollender Herr	900	—
Herr M. J. Kirchheim in Frankfurt am Main	10	—
„ S. Eisenmann daselbst	10	—
„ David Jonas Bondi das.	15	—
„ Maier Schwab daselbst	10	—
„ Isak Kaufmann daselbst	10	—
„ L. M. Schwabacher daselbst	20	—
„ Jakob Straus das., Extrabeitrag	5	—
„ Aron Oppenheimer daselbst	20	—
„ Maier Seewald daselbst	60	—
„ Benjamin Roos daselbst	10	—
„ Roßmann Behrend in Hannover	10	—
„ J. Goldschmidt in Bad Homburg	20	—
„ Dr. Binge daselbst	10	—
„ Leopold Rapp in Frankfurt am Main	25	—
„ Samuel Mainz daselbst	10	—
„ Anselm Oppenheimer das.	10	—
„ Löb Schwab I daselbst Jahresbeitrag 10 fl., Extrabeitrag 5 fl., zusammen	15	—
„ David Rapp daselbst	10	—
Herren Gebrüder Kohn das.	20	—
„ Gebrüd. Goldschmidt das.	15	—
Herr Samuel Zeibels daselbst	20	—
„ Moses Mainz daselbst	20	—
„ Lassar Mainz daselbst	20	—
„ Michael L. Mainz daselbst	10	—
„ Salomon Schwab daselbst	10	—
Durch Herrn David Goldschmidt in Zeitlofs von den Herren: David Goldschmidt 10 fl., A. Eisfeld 30 kr., Samuel Löwald 42 kr., Isak Rußbaum 1 fl.,		

	fl.	kr.
Lehrer Wildberg 30 kr., Sußmann Löwald 1 fl. 30 kr., Lehmann Goldner 45 kr., Schmaj. Goldner 30 kr., Moses Reich 24 kr., J. Adler 24 kr., Lasser Rußbaum 24 kr., zusammen	16	39
Herr Jakob Straus in Frankfurt am Main	10	—
„ Moritz Oppenheimer das.	20	—
Durch Herrn Abraham Heidingsfelder in Marktbreit von den Herren: Stahl 1 fl., Joseph v. Strut 3 fl. 30 kr., zusammen	4	30
Herr Aron Moses Hamberger in Goßmannsdorf	10	—
„ Lehrer Eschwege in Karbach	2	15
Durch Herrn Cultusvorst. Sam. Neuland in Kleineibstadt von den Herren: Sell Straus 30 kr., Moses Kohl 1 fl., Samuel Ambach 1 fl., David Reinhold 24 kr., Hirsch Frank 36 kr., Enkel Reinhold 1 fl. 45 kr., Joseph Reinhold 45 kr., Aron Reinhold 1 fl., Bär Rosenmann 24 kr., Samuel Reuland 1 fl., Simson Reuland 2 fl., Abrah. Werner 1 fl., Moses Lebermann 24 kr., Gerson Gerst 24 kr., Löb Reinhold 15 kr., zusammen	12	27
Ungenannter in Zell	1	21
Herr Jakob Weichselbaum in Gelbersheim	5	—
Durch Herrn Distr.-Rabb. Thalheimer in Mainbernheim von sich 5 fl., von den Herren: Bär Weikersheimer in Gaukönigshofen 2 fl., Oscher Klein in Gnodstadt 1 fl., zusammen	8	—
Herr Joseph Schloß in Oberlauringen	1	45
„ Nathan Marcus Oppenheimer in Frankfurt a. M.	20	—
„ Hajum Süßer in Würzburg	5	15
„ Seligm. Eisfelder das.	20	—
„ Samuel Rosenthal daselbst Synagogenspende	10	—
„ Jos. Linz in Creußenheim	3	—
„ Salomon Bodenheimer II in Biblis	20	—
„ Louis Goldschmidt in Frankfurt am Main	10	—
„ Juda Kulp daselbst	10	—
„ Hajum Schwab in Würzburg	5	—

Jahres- und momentane Beiträge.

	fl.	kr.
„ Aron Kohn in Philadelphia durch dessen Schwester Frau Dr. Lippmann	50	—
„ Bernard Schwab in Uffenheim	25	—
„ R. J. Schwab in Würzburg	5	—
„ Jak. Bach in Acholshausen	1	—
Frau Dr. Lippmann in Würzburg	10	—
Herr Wolf Bodenheimer in Biblis	17	30
„ Salom. Bodenheimer I das.	15	—
„ Jakob Straus in Oberaltertheim	1	—
Durch Herrn Nathan Friedenheim in Werneck von dortiger Gemeinde	15	3
Herr Zacharias Wertheimber in Frankfurt am Main	10	—
Durch Herrn Cultusvorstand R. Rosenband in Karbach von dortiger Gemeinde	17	—
Herr Joseph Marx in Strümpfelbrunn	10	—
„ Hare Jakob Berlin	87	30
„ Feist Stern in Neustadt a. S. als Synagogenspende	2	20
„ Adolph Ph. Reichenbach in Ballenstädt	5	15
„ Moses Weilersheimer in Tauberrettersheim	10	—
„ Religionslehrer N. Freund in Rimpar	5	—
Durch Herrn Religionslehrer E. Hirschberger in Mörs von den Herren: Sinal Marks in Cöln 1 Thlr., Herzog Marks in Mörs 5 Thlr., Moritz Marks daselbst 15 Sgr., Michael Heimann daselbst 10 Sgr., Leon Marks 10 Sgr., Carl Michelson das. 10 Sgr., Moses Copel daselbst 10 Sgr., Isak Coppel u Wolf Coppel 10 Sgr., Isak Caldenbach von Kempen 15 Sgr., E. Hirschberger selbst 1 Thlr. 4 Sgr., zusammen 9 Thlr. 24 Sgr., ab vom Einsender für Porto nach Kempen 1 Sgr. bleibt 9 Thlr. 23 Sgr.]	17	6½
Von dem Zögling Nathan Friedheim in Werneck (vergleiche obigen Bericht) in zwei Semesterzahlungen à 100 fl.,	200	—

Summa 6494 fl. 54 kr.

Ausgaben.

Zweites Jahr.

Lit.	Beleg-Nr.		fl.	kr.
A	1 mit 61	Gehalte der Lehrer und des Hausmeisters	2754	—
B	62	Lehrer-Gratifikation	50	—
C	63	Hausarzt	25	—
D	64—75	Für die Küche und Beleuchtung ꝛc.	375	27¼
E	76—87	Bäcker	624	55½
F	88—98	Metzger	586	29
G	99—111	Beheitzung	133	—
H	112—122	Buchdruckerei	38	14
J	123—126	Buch- und Kunsthandlungen	13	9
K	127—136	Zeitungen	4	—
L	137—141	Steuern	36	43½
M	142—143	Wasserleitung incl. Reparatur	6	22
N	144	Apotheke	15	39
O	145—149	Viktualien	47	16
P	150—161	Verschiedene Hausgeräthe	93	27
Q	162—163	Dienstboten	126	51
R	164—180	Handwerksleute	338	—
S	181—182	Reisespesen	4	24
T	Laut Buch	Portis	29	9
		Summa	5302	5¾

Zusammenstellung:

Einnahmen	7084 fl. 46	kr.
Ausgaben	5302 fl. 5¾	kr.
Caffabestand	1782 fl. 40¼	kr.
Hiezu Caffabestand des vorigen Jahres	8006 fl. 52	kr.
Summa	9789 fl. 32¼	kr.

Bemerkung. Zu den in der ersten Jahresrechnung aufgeführten geschenkt erhaltenen Staatspapieren sind in diesem Jahre keine hinzugekommen.

Drittes Jahr.

I.
Gründungsbeiträge und Zinsen.

	fl.	kr.		fl.	kr.
Herr S. W. A. Seemann in Gunzenhausen	50	—	Zinsen von 1000 fl Oblig. vom 1. Juni 1867	40	—
„ J. M. Lonnestädter in Haßfurt	20	—	ditto von 1000 fl. Oblig. vom 1. Juni 1867	40	—
Durch Herrn Cultusvorst. Mos. Neu in Schopfloch von dortiger Gemeinde	30	—	ditto von 1000 fl. Oblig. vom vom 1. Juni 1867	40	—
Halbjährige Zinsen von 1000 fl. Oblig vom 1. Februar 1867	22	30	Halbjähr. Zinsen von 500 fl. Oblig. vom 1. Juni 1867	10	—
ditto ganzjähr. von 1000 fl. Oblig. 1. Februar 1867	40	—	Zinsen von bayer. Prämie zu 100 Thlr. vom 1. Juni 1867	7	—
ditto von 1000 fl. Oblig. vom 1. Februar 1867	40	—	ditto von 500 fl. Oblig. vom 1. Mai 1867	20	—
ditto des österr. 250 fl -Looses 1. April 1867	8	29	ditto von 500 fl. Oblig. vom 1. Mai 1867	20	—
ditto des österr. National von 50 fl. 1. April 1867	1	24	ditto von 500 fl. Oblig. halbjähr. 1. Mai 1867	10	—
ditto des österr. 100 fl.-Looses vom 1. Mai	2	7	ditto von 500 fl. Oblig. halbjähr. 1. Mai 1867	10	—
Am 10. Mai 1865 wurde eine 4% bayer. Grundrente von 1000 fl. à 98½ angekauft, die aber verloost wurde, wonach also der Anstaltskasse der deßfallsige Mehrbetrag zuging mit Zinsen von obiger Grundrente vom 1. Febr. 1867 bis 1. Juni 1867	15	—	ditto von 500 fl. Oblig. halbjähr. 1. Mai 1867	10	—
			ditto von 1000 fl. Oblig. 1. Aug. 1867	40	—
			ditto des österreich. Nation. von 50 fl., 1. Oktober 1867	1	18
	13	20	ditto von 1000 fl. Oblig. vom 1. August 1867	22	30
			Summa	513	38

II.
Jahres- und momentane Beiträge.
Drittes Jahr.

	fl.	kr.
Durch Hrn. Rabbiner H. Schwarz in Hürben, von den Herren: J. S. Guggenheimer 12 fl., Max Landauer 10 fl., M. S. Landauer 15 fl., Jos. Raph. Landauer 18 fl., Laz. Gump 3 fl., H. W. Hochstädter 3 fl., Moritz Bissinger 4 fl., David Reuburger 2 fl., Karl Guggenheimer 3 fl., Jos. Heilbronner 2 fl., M. Landauer und Löffler 10 fl., Lazarus Heilbronner in Augsburg 2 fl., zusammen	84	—
Herr Simon Em. Oppenheimer in Würzburg	50	—
„ Samuel Rosenthal das.	25	—
„ Amson Schwabacher das.	25	—
„ Simon Hajum Oppenheimer daselbst	25	—
„ Litzmann Em Oppenheimer daselbst	25	—
Derselbe als Synagogenspende	5	—
„ F. H. Berg daselbst	10	—
„ Nathan Schulhöfer das.	15	—
„ Jeremias Weitersheimer in Gaukönigshofen	2	—
Durch Frl. Gitl Flamm in Nenzenheim, von sich und deren Mutter 5 fl., Wittwe Hausmann daselbst 3 fl., Herr A. Maier in Hüttenheim 2 fl., zusammen	10	—
Herr Sußmann Schloß in Rineck	2	—
Durch Herrn Jakob Löb Schönfärber in Dornheim, von ihm 5 fl., von den Herren Moses Löb Schönfärber 5 fl., David Hausmann 5 fl., David Wallfisch 2 fl., Samuel Wallfisch 2 fl., Pfeufer Schönfeld 3 fl., zusammen	22	—
Herr M. S. Mainz in Frankfurt am Main	20	—
„ Heinrich Frank in Würzburg	10	—
„ Samuel Krämer in Hüttenheim	5	—
„ Samuel Strauß in Laubenbach	20	—
„ H. Heimann in Würzburg	2	—
„ Samuel Schäfer daselbst	10	—
Frau Wittwe Joseph Schwab das.	20	—

	fl.	kr.
Herr Moses Michel Mainz in Frankfurt am Main	10	—
„ Seligmann Friedmann in Königshofen für seine Mutter 25 fl., für sich 25 fl., zusammen	50	—
„ Elias Landauer in München	25	—
„ Abraham Neuburger in Arnstein	10	—
„ Samuel Adler in Allersheim	20	—
„ Joseph Marx in Strümpfelbrunn	10	—
„ Moses Rau in Fürth	25	—
„ Gebrüd. Feuchtwanger das.	25	—
„ Bernhard Bärmann das.	9	30
„ Louis Rosenblatt in Würzburg	25	—
„ Aron Rosenblatt in Regensburg	25	—
Durch Herrn Lehrer Reuß in Völlersleier, von den Herren: Samuel Stern 5 fl. 33 kr., Moses Stern 2 fl., Wolf Stern 1 fl. 45 kr., Abraham Reich 30 kr., Reich Rödelheim 42 kr., Maier Löb Bergmann 1 fl., zusammen	11	30
Herr H. J. Carlebach (Gebrüder Carlebach) in Mannheim als Jahresbeitrag 30 fl., Extrabeitrag 10 fl.	40	—
„ Isak Schwab in Würzburg	25	—
Frau Röschen Hellmann in Ebelsbach	10	—
Herr Jonas Iggersheimer in Mergentheim Jahresbeitrag 25 fl., Extrabeitrag 5 fl.	30	—
„ Abraham Seemann in Röbelsee	2	42
Aus der Thoras-Chesed-Stiftung in Baiersdorf durch Herrn Cassier M. J. Lohmann	33	—
Herr Aron Hirsch und Sohn in Halberstadt	60	—
Durch Herrn Henle Kohn in Wassertrübingen, von den Herren: Salomon Feuerstein 3 fl. 30 kr., David Neumaier 3 fl. 30 kr., Michel Sommer 1 fl. 45 kr., Dav. Kohn 5 fl., Frau Wittwe Ella Kohn 10 fl., Na-		

Jahres- und momentane Beiträge.

	fl.	kr.
than Rohn 10 fl., Henle Rohn selbst 10 fl. 15 kr., zusammen	50	—
Herr Hirsch Frank in Schweinfurt	5	—
„ L. Benario in Obernbreit für sich und seinen Bruder Samuel 20 fl., für seinen Bruder Aron fl., zusammen	30	—
„ S. W. A. Seemann in Gunzenhausen	20	—
Durch Herrn Cultusvorstand zu Kleinbardorf von dortiger Gemeinde	20	—
Herr Mendel Freudenthal in Theilheim	15	—
„ Heimann Freudenthal das.	5	—
„ Sußmann Schaßmin das.	10	—
„ S. A. Strauß in Würzburg	15	—
„ Leser Strauß in Merchingen	1	45
„ David Rosenheim in Bibergau	15	—
Durch Herrn Cultusvorstand A. Mandelbaum in Sulzbach, von den Herren: J. Engelberger 5 fl., J. Steinhardt 4 fl., H. Haimann 7 fl., Heinrich Steinhardt 1 fl., zusammen	17	—
Durch Herrn Lehrer Sichel in Treuchtlingen, von den Herren David Weimann 25 fl., Vorstand Lazar. Lang 11 fl., Familie Theilheimer 11 fl., Uri Oesterreicher 2 fl. 42 kr., Jak. Stettauer 2 fl. 42 kr., Heinr. Hermann 8 fl. 6 kr., Salom. Weimann 5 fl., Zuschuß 6 kr., zusammen	66	—
Herr Schmaje Stein in Norbheim	8	45
Durch Hrn. J. Jüngster in Tann, von den Herren: Isr. Jüngster 2 fl. 30 kr., Gebrüder Heilbronn 4 fl., Sandel Jüngster 1 fl. 30 kr., Asur Sichel 45 kr., Moses Rabenstein 24 kr., Salomon Jüngster 1 fl., für Porto wurden 9 kr. abgezogen, bleibt	10	—
Durch Herrn Hirsch Stern in Mainstockheim von den Herren: Joseph Stern 5 fl., Hirsch Stern selbst 7 fl., E. Friedmann 5 fl., Wolf Rothstein 3 fl. 30 kr., Benj. R. Sonder 3 fl., Maier Stern 3 fl., zusammen	26	30
Herr Moses Sichel in Gemünden	5	—
„ Feibel Sichel daselbst	2	—
Durch Herrn Religionslehrer Abraham Oppenheimer in Theilheim von den Herren: Lazarus Baumblatt 1 2 fl. 42 kr., Ja-		

	fl.	kr.
kob Freudenthal 2 fl., Hirsch Schaßmin 2 fl. 42 kr., Lazarus Baumblatt 11 1 fl., Samuel Baumblatt 2 fl., Mendel Rosenbaum 1 fl. 45 kr. Joel Rosenfelder 3 fl., Salomon Rosenfelder 2 fl. 42 kr., Joel Rosenfelder II 2 fl. 42 kr., Samuel Aron Klau 1 fl., Isak Baumblatt 1 fl. 45 kr., Löb Schaßmin 5 fl. 24 kr., Jakob Löb Baumblatt 1 fl., Maier Freudenthal 1 fl., Faust Freudenthal. 2 fl. 42 kr., Aron Löb Klau 2 fl., Samuel Moses Klau 1 fl., Isak Klein 1 fl. 45 kr., Löb Kleemann 1 fl., Joseph Feberleicht 1 fl., Wolf Klau 1 fl., Mos. Sugenheimer 1 fl., Mos. Löb Klau 3 fl. 30 kr., Laz. Fink 1 fl., Salomon Friedenhein 1 fl., Wolf Baumblatt 1 fl., Samuel Klau alt 1 fl. 45 kr., Hajum Silberthau 1 fl., David Lebermuth 3 fl. 30 kr., Löb Klau 2 fl., Maier Baum's Wwe. 1 fl., Ungenannt 48 kr., Lazarus Freudenthal 1 fl., zusammen	59	—
Durch Herrn Hirsch Klein in Bamberg von sich 10 fl., dessen Schwiegersohn Herr Salomon Wetzlar 5 fl., Herr Marx Ullmann 5 fl., zusammen	20	—
Herr Seligmann Eisfelder in Würzburg	20	—
„ Hirsch Kastor im Bamberg auf 3 Jahre vorausbezahlt	15	—
Durch Herrn Distrikts-Rabbiner Dr. Maier Löwenmaier in Sulzbirg von einigen Ungenannten dort	5	48
Frau Jette Hellmann in Ebelsbach	25	—
Durch Herrn Cultus-Vorstand Maier Hirsch in Frankenweinheim von dortigen Gemeindegliedern	7	42
Herr B. Freudenthal in Tann	3	30
„ B. Adler in Aschaffenburg	25	—
Durch Herrn Religionslehrer R. Freund in Rimpar von den Herren: Samuel Gunderheimer 5 fl., Maier Hofmann 4 fl., Jüdlein Hofmann 1 fl. 30 kr., Gumpel Stockheimer 3 fl. 30 kr., Samuel Schwab 2 fl. 30 kr., Baruch M. Schwab 1 fl. Joseph Frank 1 fl. 45 kr., Lippmann Lehmann 1 fl., W. H. Lehmann 1 fl. zusammen	21	15

Jahres- und momentane Beiträge.

	fl.	kr.
Durch Herrn Salomon Stiefel in Hammelburg von dortigen Gemeindegliedern	6	—
Durch Herrn Religionslehrer Samuel Wechsler in Aschbach von den Herren: Isak Baier 1 fl., Simon Habermann 7 fl., Jakob Süß 2 fl. 42 kr., Samuel Seemann 1 fl. 30 kr., Jonas Fleischmann 1 fl. 10 kr., Benjamin Oppenheimer 1 fl. 10 kr., Jos. Lehmann 1 fl., Juda Marx 1 fl., Juda Süßmann 1 fl., Pfeufer Seemann 1 fl., Simon Seemann 1 fl., Löb Seemann 1 fl., Salom. Fleischmann 48 kr., Abraham Löb Gut 30 kr., Maier Meier 30 kr., Samuel Wechsler 2 fl. 24 kr., von den Frauen: Lea Adelburg 2 fl. 45 kr., Rebekka Habermann 2 fl., Kehla Süß 2 fl., dann von Adler aus Geiselwind 5 fl. zusammen	36	45
Durch Herrn Frank in Steinach a/S., Familie Frank 4 fl. 30 von den Herren: David Stern 2 fl. 42 kr., Dav. Frei 1 fl. 45 kr., Salom. Wolf 1 fl. 45 kr., Salom. Strauß 2 fl., Marx Siegel 2 fl. 42 kr., Isak Frei 1 fl., Mos. Strauß 2 fl., Gerson Geßner 1 fl., Otto Marx Frank 1 fl., Salomon Geßner 45 kr., Maier J. Maier 30 kr., Abraham Lion 2 fl., Löb Stern sen. 2 fl., Gabriel Maier 1 fl., zusammen	26	39
Durch Herrn Hirsch Treuchtlinger in Heidingsfeld, von den Herren: Joseph Rosenheim 10 fl., A. Goldschmidt 5 fl., S. Roman 2 fl. 42 kr., Gebrüder Bachmann 2 fl., M. Reinstein 5 fl., A. J. Schwab 5 fl., Juda Hellmann 5 fl., Sigmund Hellmann 5 fl., Moses Frank 2 fl. 42 kr., Manasses Bachman 2 fl., Marum Frank 2 fl., S. L. Steinam 2 fl. 20 kr., Amson Schwabacher 5 fl., Maier Rosenheim 5 fl., Amson Kahn 5 fl., Fuchs 2 fl., zusammen	65	44
Durch Herrn S. Oettinger in Eberheim, in Folge Schlußrechnung des verstorbenen Elias Neuburger sel. Verlassenschaft von dort 4 fl. 40 kr., Aus dortiger Gemeinde an Jahres- und außerordentlichen Beiträgen 15 fl. 30. zusammen	20	10

	fl.	kr.
Herr J. M. Lonnerstädter in Haßfurt	5	—
„ Frau Maier Jos. Schwab in Würzburg	5	—
Durch Herrn Religionslehrer S. Fall in Aub aus dortiger Gemeinde	20	—
Durch Herrn Rabbiner J. Sänger in Buttenwiesen Beitrag aus dortiger Gemeinde	72	24
A. M. in Frankfurt a/M.	7	—
Durch Herrn Levi Worms in Laudenbach: von sich 2 fl. 42 kr., Aron Adler 1 fl., Risan Adler 1 fl.	4	42
Durch Herrn Religionslehrer Hirsch Eschwege in Karbach bei der Verlobung Frl. Adler von Ursprungen mit Herrn Juda Trepp von Fulda	2	30
Durch denselben von Herrn Löb Adler 35 kr., und von Ungenannt 30 kr.	1	5
Genannter Herr Eschwege für sich	1	10
Herr Löb Adler in Karbach	3	30
„ Salomon Kohn in Laudenbach	5	—
Durch Herrn Cultus-Vorstand Süßmann Lippstädter in Schweinshaupten von dortiger Gemeinde	6	—
Herr Jakob Leitner in Lonnerstadt	10	—
„ B. Adler in Aschaffenburg	20	—
Durch Herrn S. Gutmann in Albhausen von den Herren: Löb Stern 5 fl., Aron Stern 3 fl. 30 kr., Maier Ackermann 3 fl., S. Gutmann 6 fl. 30 kr., L. Kuhn 1 fl., K. J. Kleinhauser zusammen	20	—
Durch Herrn R. Rosenthal in Mühlfeld aus dortiger Gemeinde	7	18
Herr Süßel Süßer in Laudenbach	4	—
„ Herr Wolf Süßer daselbst	2	42
Durch Hrn. Religionslehrer Hajum Fuchs in Kunreuth von den Herren: Hirsch Buchstein 1 fl., Mag Buchstein 3 fl., Maier Sulzberger 1 fl., Jakob Ehrenbacher 1 fl., Löb Fleischmann 1 fl., Gottlieb Hirschleiter 30 kr., Winterberger 1 fl., Wwe. Braun 2 fl. Carl Heimann 1 fl., Lehrer Fuchs 1 fl., 20 kr. wurden für Porto abgezogen, bleibt	12	—
Herr Benjamin Uhlfelder in Gerolzhofen	20	—
„ Maier in Ludwigshafen	5	—

Jahres- und momentane Beiträge.

	fl.	kr.
Durch Herrn Cultus-Vorstand B. Cromwell in Gunzenhausen von den Herren: L. Joelsohn 3 fl., E. Joelsohn 1 fl., Wwe. Steinhardt 1 fl., J. Walz 30 kr. Wwe. Rosenbach 1 fl., J. B. Joelsohn 30 kr., G. Bergmann 1 fl., J. Geist 1 fl., S. Blumenstein 1 fl., S. Reinemann 5 fl., M. Eichbaum 30 kr., G. Lehmann 24 kr., B. Wolf Com. 24 kr., Sam. Seemann 30 kr., David Cromwell 18 kr., M. Hesselberger 30 kr., J. Hesselberger 1 fl., Abr. Hesselberger 30 kr., S. Hellmann 30 kr., David Joelsohn 1 fl., Wwe. Cromwell 30 kr., Veis Cromwell 1 fl. 45 kr., zusammen	22	51
Durch Herrn Moses Rau in Fürth von Frau Hanna Goldberg in Nürnberg	20	—
Durch Herrn Cultus-Vorstand Felllein Theilheimer in Dittenheim von den Herren: Raphael Löb Theilheimer 1 fl., Jakob Rosenfelder 36 kr., Feiß M. Waldmann 24 kr., Nathan Theilheimer 24 kr., Moses Weisel 24 kr., Samuel W. Rosenfelder 1 fl., Abraham L. Rosenfelder 35 kr., Feist H. Waldmann 24 kr., Abraham Bergtheil 30 kr., Levi Bergmann 12 kr., Felllein Theilheimer 1 fl. auf.	6	30
Durch Hrn. Distr.-Rabbiner Thalheimer in Mainbernheim von den Herren: E. Eisenmann in Marktbreit 10 fl., Levi Künstler in Brünau 5 fl., Gerson Rosenblatt in Kleinlangheim 5 fl., Wolf Schmitt daselbst 2 fl., Sußmann Maier von Sickershausen 1 fl., David Lauber in Rödelsee und Gump Hirsch Sachs in Altenschönbach 10 fl., Samuel Lauber in Bullenheim 1 fl. 45 kr., Emanuel Hanbburger von Kleinlangheim 2 fl. 42 kr. Sigmund Sondhelm daselbst 1 fl. 45 kr., Rothfeld daselbst 1 fl., Jakob Sondhelm daselbst 1 fl. 45 kr., Salomon Ullmann in Haßloch 2 fl. Joel Stein in Rödelsee 1 fl. diese Posten betragen 44 fl. 57 kr. waren aber 39 kr. mehr also zusammen	45	36
Durch Hrn. Moses Tannenbaum in Bastheim von den Herren: Gumb Strauß 2 fl., Dannenbaum Wwe. 1 fl., Jakob Blum 1 fl., Sam Brunngeßner 1 fl., Moses Dannenbaum 1 fl., zusammen	6	—
Durch Herrn Max Wassermann von dortiger Gemeinde	4	30
Herr Joseph Schwarz in Egenhausen	5	—
Durch Herren Cultus-Vorstand Feist Berliner in Westheim (bei Hammelburg) von sich 5 fl., Frau Sara Herrmann 1 fl., zusammen	6	—
Durch Hrn. Hirsch Adler in Burgpreppach von den Herren: Löb Ullmann 1 fl., Aron Hirschmann 1 fl., Aron Hirschmann 1 fl., S. E. Blum's Wwe. 12 kr., Nathan Traub 12 kr., Samuel Hirschmann 1 fl., Jetto Goldmann 24 kr., Rusel Schönemann 24 kr., Nathan Ganzmann 12 kr., Lehrer Pfeufer 2 fl., Abr. Goldmann 12 kr., Aron Goldstein 18 kr., Levi Schönemann 12 kr., Hesa Schönemann 30 kr., Joseph Friedmann 3 fl., Em. Adler 2 fl., Rabbiner Adler 18 kr., H. Adler 2 fl. Pfeufer Strauß 3 fl. 30 kr., Maier Adler 1 fl., zusammen	19	24
Durch Herrn Religionslehrer J. Salzer in Ermershausen von sich 1 fl. Herr Markus Stern 1 fl., zusammen	2	—
Herr Samuel Adler in Allersheim	33	20
Durch Zögling Israel Baum von Nordheim von Ungenannt dort	3	30
Durch Herrn Isak Fränkel in Roth von ihm 5 fl. 24 kr., von den Herren: Moriz Nieberheimer 3 fl., Isak Nieberheimer 2 fl., Abraham Rosa 30 kr., Gerson Hirsch 2 fl., Wolf Herzog 3 fl. 30 kr., Moriz Großhut 2 fl. 42 kr., Jakob Großhut 1 fl. 21 kr., Abraham Klein 30 kr., Zuschuß 3 kr., zusammen	21	—
Ungenannt in Sch. von seiner Schwester	13	—
Derselbe für sich	8	45
Herr Jakob Weiters in Tauberrettersheim	10	—
„ Philipp Ellinger in Frankfurt a/M.	15	—

Jahres- und momentane Beiträge.

	fl.	kr.
Durch Herrn S. Tannenwald in Schmalnau von dortiger Gemeinde	16	57
Herr Jonas Gailinger in Binswangen	10	—
Durch Herrn Moses Goldschmidt in Zell von Ungenannt	5	—
Durch Herrn Marx Ansbacher in Mönchsroth von den Herren: J. L. Marx 10 fl., Wwe. Marx 10 fl., Lazarus Marx 5 fl., H. S. Maier 30 kr., zusammen	25	30
Durch Herrn Rabbiner Löb Wißmann in Schwabach von den Herren: Nathan Feuchtwanger 25 fl., M. Weinschenk 25 fl., M. Kohn 10 fl., H. Orbenstein 25 fl., H. Ullmann 10 fl., J. L. Rosenbaum 5 fl., A. H. Bechhöfer 4 fl., S. Enslein 3 fl., Salomon Feuchtwanger 4 fl., Rabbiner Wißmann 5 fl., J. S. Roßheimer 2 fl., H. Lein 7 fl., S. Wechslers Wwe. 5 fl., M. Strauß 1 fl. 12 kr., M. H. Wechsler 5 fl., J. Lowenthal 1 fl. 45 kr., L. Löwenstein 1 fl. zusammen	138	57
Herr Samuel Kaufmann in Altenstein	5	15
„ Samuel Wassermann in Bamberg	15	—
Durch Herrn Samuel Stern in Lendershausen aus dem Verein	14	—
Durch Herrn Cultus-Vorstand Emanuel Sichel in Kleinheubach von dortiger Gemeinde	10	45
Durch Herrn Salomon Lonnerstädter in Veitshöchheim von sich 7 fl. von seiner Schwiegermutter 3 fl., von den Herren: Joseph Klein 3 fl. 30 kr., Salomon Strauß 2 fl., zusammen	15	30
Herr Moses Hahn in Kirchschönbach	1	—
„ Marum Weiß in Heibingsfeld	2	—
Durch Herrn Moses Friedmann in Autenhausen von dortiger Gemeinde	16	4
Durch Herrn Cultus-Vorstand Isak Braomann in Unteralertheim von dortiger Gemeinde	5	—
Durch Herrn Michael Fürth in Hanau für sich 7 fl., von seinem Bruder Lißmann 7 fl., von Herrn Lißmann Lißmann in Gelnhausen 12 fl., zusammen	26	—

	fl.	kr.
Durch Herrn Cultus-Vorstand Joseph Hofmann in Höchheim von dortiger Gemeinde	15	15
Durch Herrn Mendel Hirnheimer in Greussenheim von sich 5 fl., von den Herren: Isak Linz 5 fl. 30 kr., Wwe. Linz 3 fl. 30 kr., Joseph Linz 5 fl. zus.	19	—
Herr Jakob Heß in Frankfurt a/M.	10	—
Durch Herrn Joseph Billmann in München, von den Herren: Abraham Merzbacher 18 fl., J. L. Feuchtwanger 11 fl., Phil. Kunreuther 6 fl., zusammen	35	—
Herr Simon Gutmann in Oettingen	10	—
„ H. Heimann in Würzburg	2	30
Durch Herrn M. M. Kohn in Kleinnördlingen von Ungenannt	1	30
Herr Hirsch Eschwege, Religionslehrer in Karbach, Synagogenspende	1	30
„ Elias Raphael Rosenbaum in Zell	1	19
Durch Herrn A. H. Mayer in Berolzheim von dortiger Gemeinde	12	30
Durch Herrn Rabbiner Simon Bamberger in Fischach von den Herren: Emanuel Mendle 1 fl., durch M. Weiskopf von Einigen 3 fl., Joachim Fromm 5 fl., Jos. Mendle sen. 2 fl., Herrmann Oeller 2 fl. 42 kr., zusammen	13	42
Herr Simon Emanuel Oppenheimer in Würzburg	25	—
„ Dr. C. Fränkel daselbst, Synagogenspende	—	30
Durch Herrn J. M. Schmalbach in Schwanfeld, von den Herren: Mathes Schwanfelder 1 fl., Hirsch Rothfeld 1 fl., J. M. Schloß 1 fl., Heinrich Rosenbusch 1 fl., Moses Schloß 30 kr., Jakob Frankenthal 1 fl., Moses Schäler jung 1 fl., Michel Stern 1 fl., Jak. Rosenbusch 1 fl., Moses Blättner 1 fl., Mayer Rosenthal 1 fl., Hajum Berl 1 fl., Löb Schäler 1 fl., Salomon Gattmann 30 kr., Jakob Berl 1 fl., Moses Schäler alt 1 fl., Sußmann Stern 45 kr., Löb Heimann		

Jahres- und momentane Beiträge.

	fl.	kr.
1 fl., Jß. M. Schäfer 30 kr., ohne Namensangabe 48 kr., Jakob Heimann 1 fl., zusammen	18	3
Herr Feibel Spiegel in Würzburg	5	—
„ Hajum Hirnheimer in Heibingsfeld	5	—
Herr Jeremias Weilersheimer in Gaukönigshofen	2	—
„ Salomon Seckel in Kopenhagen	3	30
Durch Herrn Rabbiner Dr. Löb in Ichenhausen von dortiger Gemeinde: eine Sendung von 100 fl., und eine zweite von 39 fl. 24 kr., zusammen	139	24
Herr Kaufmann Eisenburg in Kissingen	25	—
„ Moses Hoffmann daselbst	10	—
„ Abraham Löb Kohn in Lülsfeld, als Erbe des sel. B. Bernard daselbst	5	—
„ Raphael Blum in Acholshausen	10	—
Durch Herrn Cultusvorst. Löb Straus in Kraisdorf von den Herren: Hajum Brückner 1 fl., Moses Straus 2 fl., Löb Straus 2 fl., zusammen	5	—
Frau Frankenburger in Westheim bei Hammelburg	2	—
Herr Pfeifer Straus in Burgpreppach	20	—
„ Isak und Jakob Glaser in Thüngen	25	—
„ Dr. Baruch Levi in Hamburg	2	—
Durch Herrn Isak Kleemann in Oberlauringen von den Herren: Lehrer Moßbacher 1 fl., Isak Straus 12 kr., L. u. G. Häusinger 2 fl., Brückner's Wwe. 1 fl., Koppel Steinhäuser 30 kr., Samuel Wormser 1 fl., Israel Hirschberger 1 fl. 45 kr., Isak Wormser 1 fl., Joseph Haas 1 fl., Michael Vogel 30 kr., Löb Sterzelbach 1 fl., Jos. Schloß 1 fl., Gumpel Friedenthal 18 kr., Nathan Fink 1 fl., Isak Kleemann 1 fl., R. Hirsch Rosenberger 30 kr., Samuel Steinhäuser 15 kr., Moritz Schloß 1 fl., Sam. Rosenberger 1 fl., Lazarus Eckstein		

	fl.	kr.
30 kr., Hajum Reiß 15 kr., Simon Fink 30 kr., Israel Eckstein 24 kr., zusammen	18	39
Herr L. Ettenheim in Obereuerheim	5	—
„ Marx Gütermann in Nürnberg	10	—
Durch Herrn Cultusvorst. Löb Traubel in Oberaltertheim von den Herren: Löb Kahn 6 kr., Löb Grünbaum alt 6 kr., Jakob Straus 1 fl., Simon Kahn 6 kr., Herz Straus 12 kr., Löb Grünbaum jung 1 fl., Löb Traubel 1 fl., Pfeufer Kahn 6 kr., Gitel Fein 6 kr., Pesla Straus 30 kr., zusammen	4	18
Herr August Traumann in Mannheim	50	—
Durch Herrn Stud. S. Carlebach in Heidelsheim von seinem Vater 10 fl., von seinem Bruder 1 fl., von vier Andern dort 4 fl., zusammen	15	—
Herr Jakob Einstein in Kleinnördlingen	12	—
Durch Herrn Religionslehrer Samuel Oppenheimer in Rineck, von sich 1 fl., von den Herren: Isak Neugaß 1 fl. 45 kr., Samuel Straus 1 fl., Hajum Straus 1 fl., Sam. Eisemann 1 fl., Moses Neugaß 30 kr., Anschel Kahn 30 kr., Wolf Schloß 30 kr., Hanna Schloß 30 kr., Jecheskel Kahn 30 kr., zusammen	8	27
Herr Mendel Freudenthal in Würzburg, Synagogenspende	10	—
Durch denselben von seiner Schwägerin Frau Samuel Freudenthal daselbst	5	30
Herr Flörsheim in Hamburg	7	—
„ Baruch Freudenberger in Zellingen	2	—
„ Distrikts-Rabbiner David Weißkopf in Wallerstein	3	—
„ Josua Moses Lonnerstädter in Haßfurt	18	—
„ Salomon Wolf Heller in Cincinatti durch Herrn E. R. Rosenbaum in Zell	50	—
„ Louis Henneberger in Würzburg	25	—
„ Jakob Binswanger in Augsburg	20	—

Jahres- und momentane Beiträge.

	fl.	kr.
Herr Joseph E. Kohn in Aurich für sich 5 Thlr., von seinem Hrn. Schwager Gotschlik in Diek 1 Thlr., zusamm.	10	30
„ Hajum Schwab in Würzburg, Synagogenspende	5	—
Durch Herrn L. Wetzlar in Frankfurt aus Auftrag seines Vaters Herrn Rabbiner M. Wetzlar	7	—
Herr Löb Adler in Karbach	5	—
„ Lehrer Wildberg in Kleinheubach	—	30
Anonym mit Poststempel Frankfurt am Main	25	—
Frau Chajele Sonnentheil Wwe. in Regensburg durch Herrn Menki Zimmer in Fürth	14	—
Herr Maier Weilersheimer in Tauberrettersheim	5	30
„ Raphael Wormser in Carlsruhe	8	45
„ M. M. Kohn in Kleinnördlingen	1	12
„ Salom. Bing in Würzburg	25	—
„ Löb Rosenthal in Homburg am Main	10	—
„ Isak Joseph Adler in Urspringen	3	30
„ Faust Fränkel daselbst	3	30
„ Aron Fränkel I daselbst	1	45
„ Löb Jos. Adler daselbst	3	30
„ Ruben Fränkel daselbst	5	—
„ Jos. Dillenberger daselbst	2	—
„ J. D. Adler daselbst	3	—
Durch Herrn Rabb.-Cand. Jm. Adler in Mainstockheim von einem Ungenannten	5	—
Herr Schmaje Grünebaum in Homburg	3	30
„ Seligmann Weiskopf in Wallerstein	3	30
Von der Gemeinde Geräsfeld durch Herrn J. Hommel in Würzburg	11	48
Herr Samuel Freudenthal in Würzburg	15	—
„ Joseph Mayer Schwab in Rimpar statt seines sel. Vaters	10	—
„ Religions-Lehrer Nathan Freund in Rimpar	100	—
„ Seligmann Eisfelder in Würzburg	10	—
„ Sal. Seckel in Kopenhagen	5	15
„ Gottlieb Pragheimer in Würzburg	10	—
Frau Joseph Schwab Wwe. in Würzburg	10	—
Durch Hrn. Cultusvorst. Maier J. Holzinger in Feuchtwangen von dortiger Gemeinde	53	27
Herr Emanuel Heimann in Homburg am Main	3	30
Durch Herrn Religionslehrer Samuel Maas in Reichmannsdorf von den Herren: Samuel Wortsmann, Cultusvorstand 4 fl., Joseph Ehrlich 1 fl. 30 kr., Moses Strauß 30 kr., Joseph Schweb 2 fl., Jakob Kradenberger 1 fl., Religionslehrer Maas 1 fl., Joseph Wortsmann jung., 30 kr., J. Fackelmann 30 kr., Simon Hirnheimer 1 fl., Frau Wittwe Ehrlich 30 kr., Salomon Wortsmann jung., 30 kr., Elias Hirsch 36 kr., zus. sammen	13	36
Herr Maier Fürther in München	25	—
„ Lißmann Em. Oppenheimer in Würzburg	10	—
„ Moses Eichel in Grünsfeld	20	—
Durch Dr. E. Fränkel in Würzburg von nicht genannt sein Wollendem	25	—
Herr Heß in Bingen	10	—
„ Distrikts-Rabbiner Thalheimer in Mainbernheim	2	—
„ J. Goldmann in Bamberg	4	—
„ Salomon Dessauer daselbst	25	—
„ Maier Cohn daselbst	20	—
„ Hirsch Klein daselbst	10	—
„ Max Ullmann daselbst	10	—
„ Michel Fleischer daselbst	5	—
„ Herrmann Frank daselbst	7	—
„ L. Morgenroth daselbst	15	—
„ Samuel Wassermann das.	10	—
„ Maier Löb Eger daselbst	10	—
„ Bär Lämmlein daselbst	100	—
Aus der Gemeinde Wiesenfeld, von den Herren: Beitel Hanauer 1 fl. 5 fl., A. Hecht 3 fl. 30 kr., K. Lichtenstädter und Wittwe Schloß 5 fl., B. Hanauer 3 fl., A. Bamberger 1 fl., A. Kahn 2 fl., B. Bamberger 30 kr., Jak. Steigerwald 30 kr., M. Rosenberger 3 kr., R. Grünebaum 3 fl. 27 kr., Ungenannt 2 fl., Baruch Schild 36 kr., zus.	26	36
Herr Josua Strauß in Obbach	1	45
„ E. Calvary aus Posen	3	30
Durch Herrn Mendel Hirnheimer in Greussenheim von ihm 1 fl.		

Jahres- und momentane Beiträge. 45

	fl.	kr.
30 kr., von Ungenannt 2 fl., zusammen	3	30
Herr A. M. Hamberger in Goßmannsdorf	10	—
Frau Dr. Lippmann aus Kissingen in Würzburg	10	—
Durch Herrn Cultus-Vorstand Maier Reis in Altenschönbach von dortiger Gemeinde	25	24
Herr Louis Rosenblatt in Würzburg Synagogenspende	5	—
Durch Herrn Marx Guldmann in München von Herrn Feist dort	—	50
Herr Wolf Liebreich im Bamberg	20	—
„ Isak Rosenfelder daselbst	3	30
Durch Herrn Jakob Binswanger und Comp. in Augsburg als Bestimmung ihres seligen Vaters Herrn Moses Binswanger	150	—
Herr Jakob Sonn in Mainstockheim (siehe oben im Bericht)	25	—
„ Simon Em. Oppenheimer in Würzburg	20	—
„ Distrikts-Rabbiner A. Adler in Aschaffenburg	1	36
„ Jakob Weichselbaum in Gelbersheim	3	30
„ Samuel Adler in Allersheim	16	40
„ Ascher Mayer in Brenzlau durch dessen Sohn Joseph 3 Thlr., derselbe für sich 2 Thlr.	8	45
Durch Hrn. Dr. Fränkel in Würzburg von dessen Frau Schwester	3	—
Herr Jos. Billmann in München	25	—
„ Abraham Neuburger in Altenschönbach	5	—
Frau Louise Schwab in Würzburg	10	—
Ungenannter in Sch.	14	—
Durch Herrn Cultusvorst. Samuel Neuland in Kleineibstadt von den Herren: Seckel Strauß 30 kr., Moses Kohl 1 fl., Samuel Ambach 1 fl., David Reinhold 24 kr., Hirsch Frank 36 kr., Ensel Reinhold 1 fl. 45 kr., Joseph Reinhold 45 kr., Aron Reinhold 1 fl., Lehr Rosenmann 24 kr., Samuel Neuland 1 fl., Simson Neuland 2 fl., Abraham Werner 1 fl., Moses Lebermann 24 kr., Löb Rheinhold 15 kr. zusammen	12	9
Herr Rabbin.-Cand. J. Adler in Mainstockheim	3	—
Bei der Hochzeit des Hrn. E. Freundlich in Wittelshofen durch Hrn.		

	fl.	kr.
Lehrer Löwenmaier gesammelt, behufs Anschaffung eines passenden Werkes für die Anstalt	8	—
Herr Bäcker Heimann in Würzburg	3	30
Durch Herrn Rabbiner Löb Wißmann in Schwabach, aus der Gemeinde Georgsgemünd, von den Herren: S. Wißmann 1 fl., Marum Ellinger 1 fl. 45 kr., Michel Selling 1 fl., H. Heidecker 1 fl., Gitta Neumark 2 fl. 42 kr., S. Windsbacher 1 fl. 45 kr., L. Apfel 1 fl. 45 kr., L. Heidecker 1 fl., Mos Sohn 1 fl. 45 kr., Zach. Selling 1 fl., Maier Neumark 2 fl., Löb Ellinger 1 fl. 45 kr., Samuel Martini 1 fl., Emanuel Neumark 1 fl., S. H. Neumark 1 fl., Esther Gern 1 fl., hievon wurde für den Diener, welcher das Geld einkassirte 30 kr. abgezogen bleibt	21	57
Herr Scutsch Studirender in München	1	—
„ Joseph Perlstein in Copenhagen	17	30
„ Sam. Levisohn in Hamburg	35	—
„ Jakob Cohn das.	35	—
„ Sally Lewisohn das.	52	30
„ Dr. H. B. Lewy	35	—
„ Michael Schiff das.	35	—
„ J. A. Delbauer	17	30
„ M. J. Nathansohn	17	30
„ D. Hamburger	17	30
„ H. B. Oppenheimer	17	30
„ N. R. das.	17	30
„ M. J. Michael	17	30
„ N. R. das.	17	30
„ Flörsheim das.	7	—
„ Israel das.	17	30
„ M. J. Kirchheim in Frankfurt a. M.	10	—
„ Gebrüder Goldschmidt das.	15	—
„ Ein nicht genannt sein wollender Herr	1000	—
„ L. W. Schwabacher das.	20	—
„ Maier Schwab, das.	12	—
„ Maier Seewald das.	25	—
„ David Jonas Bondi das.	10	—
„ Benjamin Roos das.	12	—
„ Löb Schwab 1 daselbst	15	—
„ Leopold Rapp daselbst	35	—
„ David Rapp daselbst	10	—
„ Wolf Fuld daselbst	10	—
„ Moses L. Mainz daselbst	20	—
„ J. Kulps Wwe., daselbst	10	—
„ S. Eisemann daselbst	10	—
„ Lasar Mainz daselbst	10	—
„ Louis Goldschmidt daselbst	10	—

	fl.	kr.
Herr Salomon Schwab daselbst	10	—
" Michel L. Mainz daselbst	10	—
" Isak Kaufmann daselbst	10	—
" Jakob Strauß daselbst	15	—
" Felix Sachs daselbst	15	—
" Joseph Linz in Greussenheim	2	—
" Rosenberg in Bad Homburg	10	—
" Simon Emanuel Oppenheimer in Würzburg	25	—
Herr Joseph Astruck in Marktbreit	5	—
" Simon Stahl daselbst	—	36
" Jochanann Gailinger in Binswangen für sich 11 fl. von seinem Schwager Herrn Hirsch 2 fl. 45 kr., zusamm.	13	45
Ungenannte in Bingen	35	—
Herr Seligmann Eisfelder in Würzburg	50	—
" Jakob Frank daselbst	10	—
" Aron Kohn in Philadelphia durch dessen Schwester Frau Dr. Lippmann in Würzburg	50	—
" Frau Dr. Lippmann selbst	10	—
" Hare Jakob in Berlin	43	45
" S. und M. Warburg in Hamburg	17	30
" Löb Sal. Levy daselbst	14	—
" Dr. Binge in Bad Homburg	10	—
" Sal. Bing in Würzburg, Synagogenspende	10	—
" Hirsch Frank in Schweinfurt	5	—
" Samuel Rosenthal in Würzburg, Synagogenspende	10	—
" Abrah. Reuberger in Arnstein	10	—
" Wolf Nathan Hellmann in Ebelsbach		
" Maier Seewald in Frankfurt am Main	25	—
" Aron Oppenheimer das.	10	—
" Maier Joseph Schwab in Würzburg	50	—
" Adolph Ph. Reichenbach in Ballenstädt	5	15
" Louis Henneberger in Würzburg, Synagogenspende	18	—
" Religionslehrer Nathan Freund in Rimpar	10	—
Durch Hrn. Religionslehrer Sam. Wechsler in Aschbach, von den Herren: Simon Habermann 10 fl., Samuel Seemann 3 fl. 30 kr., Löb Sußmann 3 fl., Jakob Süß 2 fl. 42 kr., Juda Sußmann 2 fl. 42 kr., Isak Baier 2 fl. 42 kr., Jos. Lehmann 2 fl. 30 kr., Pfeufer Seemann 1 fl. 45 kr., Jonas Fleischmann 2 fl., Sim. Seemann 2 fl., Juda Marx 1 fl. 30 kr., Benjam. Oppenheimer II 1 fl. 30 kr., Meier Meier 1 fl., A. L. Gut 1 fl., Salam. Fleischmann 1 fl., Cohn 30 kr., Unnannt 30 kr., Benj. Oppenheimer I 18 kr., Unbenannt 11 kr., S. Wechsler 2 fl. 30 kr., Adler aus Geiselwind 1 fl., Frau Rehla Süß 2 fl. 10 kr., Frau Lea Abelburg 2 fl., zusammen	48	—
Herr Moses Maier in Ludwigshafen	10	—
" Moritz S. Merzbach in Offenbach, Namens eines Ungenannten	10	—
" Samuel Rosenthal in Würzburg	25	—
" Distr.-Rabbiner Weiskopf in Wallerstein	3	30
" Gebrüder Goldschmidt in Frankfurt	10	—
" S. Steinam in Würzburg	25	—
Durch Herrn Religionslehrer Abr. Oppenheimer in Theilheim, von den Herren: Lazar. Baumblatt II 2 fl. 42 kr., Heinrich Freubenthal 24 kr., Hirsch Schasmin 1 fl. 45 kr., Mendel Rosenbaum 1 fl. 45 kr., Samuel Baumblatt 1 fl. 30 kr., Lazarus Baumblatt II 1 fl., Salomon Rosenfelder 2 fl., Joel Rosenfelder 2 fl. 42 kr., Isak Baumblatt 1 fl., Löb Schasmin 2 fl. 42 kr., Aron Moses Klau 12 kr., Jak. Baumblatt 1 fl., Aron Löb Klau 1 fl., Samuel Moses Klau 12 kr., Wolf Klau 30 kr., Joseph Federleicht 1 fl., Mos. Sugenheimer 1 fl., Samuel Aron Klau 1 fl., Lazar. Fink 1 fl., Wolf Baumblatt 30 kr., Samuel Klau alt 1 fl. 45 kr., Chajun Silberthau 1 fl., Jak. Freubenthal 2 fl., David Lebermuth 2 fl. 42 kr., Isak Klein 1 fl., Salomon Friedenhain 1 fl., Ungenannt 22 kr., Bela Freubenthal 1 fl., Leser Lebermuth 24 kr., zusammen	36	9

Jahres- und momentane Beiträge.

	fl.	kr.
Herr Baruch Freudenberger in Zellingen . . .	3	—
„ Moses Weitersheimer in Tauberrettersheim . .	10	—
„ Mendel Hirnheimer in Greußenheim, Synagogenspende	5	—
„ Nathan Frank in Estenfeld	10	—
Zuschuß auf Gold . . .	1	—

Frau Dina Ballin in München hatte vor mehreren Jahren 500 fl. gespendet zum Zwecke der damals projektirten Gründung eines jüdischen Krankenhauses in Würzburg, dabei sich aber vorbehalten, wenn dieses Projekt nicht ausgeführt werde, über diese 500 fl. anderweitig verfügen zu können. Dieses Geld wurde nun durch Herrn Wolff Mayer dahier damals verzinslich angelegt. Da nun obiges Projekt sich nicht realisirt hatte, so bestimmte Frau Ballin diese 500 fl. nebst den angewachsenen Zinsen für unsere Anstalt und beauftragte Herrn Wolff Mayer mit der Ausführung dieser Bestimmung. Dem zufolge übergab genannter Herr Mayer dem Vorstande einen auf seinen Namen lautenden Bankschein der königl. Filialbank dahier vom 12. Juni 1867 lautend auf die Summe von 750 fl., welcher Betrag obige Spende von 500 fl., sammt den angewachsenen Zinsen in sich begreift. Dieser Bankschein wurde von Herrn Wolff Mayer am 23. Oktober 1867 gekündigt und der Anstalt überwiesen und dem Vorstande behändigt . . . 750 —

Von dem Zögling Nathan Friedenheim in Werneck (vergleiche obigen Bericht) in 2 Semester-Zahlungen à 100 fl. . . 200 —

Summa 7336 41

Ausgaben.

Drittes Jahr.

Lit.	Beleg-Nr.		fl.	kr.
A	1 mit 60	Gehalte der Lehrer und des Hausmeisters	2751	—
B	61—62	Unterstützung und Gratifikationen	90	—
C	63	Hausarzt	25	—
D	64—74	Für die Küche und Beleuchtung ꝛc.	366	51¼
E	75—78	Viktualien	71	45
F	79—89	Bäcker	656	33½
G	90—100	Metzger	612	24½
H	101—114	Beheizung	150	3
J	115—121	Buchdruckerei	30	41
K	122	Buch- und Kunsthandlungen	4	30
L	123—128	Zeitungen	5	36
M	129—131	Steuern	27	18½
N	132—133	Wasserleitung	12	—
O	134—135	Verschiedene Hausgeräthe	7	15
P	136—140	Dienstboten	133	42
Q	141—147	Handwerksleute	67	6
R	LautBuch	Portis	15	18
S	148	Apotheke	10	28
T	149—150	Reisespesen	4	42
		Summa	5042	14¼

Zusammenstellung:

Einnahmen	7850 fl.	19 kr.
Ausgaben	5042 fl.	14¼ kr.
Cassabestand	2808 fl.	4¾ kr.
Hiezu Cassabestand des vorigen Jahres	9789 fl.	32 kr.
Summa	12597 fl.	?⸗/₄ kr.

Bemerkung. Zu den in der ersten Jahresrechnung geschenkt erhaltenen Staatspapieren sind (wie im zweiten) auch in diesem Jahre keine dazu gekommen.

Viertes Jahr.

I.
Gründungsbeiträge und Zinsen.

	fl.	kr.
Zinsen von 500 fl. Oblig. vom 1. November 1867	10	—
ditto von 500 fl. Oblig. vom 1. Nov. 1867	10	—
ditto von 500 fl. Oblig. vom 1. Nov. 1867	10	—
ditto von österr. 100 fl. Loos v. 1. Nov. 1867	2	12
ditto von 500 fl. Oblig. vom 1. Dezember 1867	10	—
ditto von 1000 fl. Oblig. vom 1. Dezember 1867	22	30

In den Jahres- und momentanen Beiträgen des dritten Jahres wurde bereits die Spende der Frau Dina Ballin in München von 750 fl. aufgeführt, welche durch Herrn Wolff Mayer dahier an einem auf seinen Namen lautenden Bankschein der kgl. Filialbank dahier vom 12. Juni 1867, und welcher am 23. Oktober 1867 gekündigt, der Anstalt überwiesen wurde. Dieser Betrag wurde daher unter den Einnahmen des dritten Jahres aufgeführt, indem man den erhaltenen Bankschein selbstverständlich als Baarzahlung annahm. Da derselbe übrigens erst 3 Monate nach der Kündigung, also vom 23. Januar 1868, erhoben wurde, so werden die vom 12. Juni 1867 bis 23. Januar 1868 angewachsenen Zinsen mit 13 fl. 44 kr., zu den Einnahmen des gegenwärtigen vierten Jahres gerechnet, also 13 44

	fl.	kr.
Zinsen von 1000 fl. Obligation vom 1. Dezember 1867	22	30
ditto von 1000 fl. Obligation vom 1. Februar 1868	40	—
ditto von 1000 fl. Oblig. vom 1. Februar 1868	22	30
ditto vom österr. 250 fl. Loos v. 1. April	9	48

	fl.	kr.
Zinsen vom österr. 50 fl. National vom 1. April	1	24
ditto von 500 fl. Oblig. vom 1. Mai	20	—
ditto von 500 fl. Obligation	10	—
ditto von 500 fl. Obligation	20	—
ditto von 500 fl. Obligation	10	—
ditto von 500 fl. Obligation	10	—
ditto vom österr. 100 fl. Loos	2	12
ditto vom österr. 100 fl. Loos	2	12
ditto vom österr. 100 fl. Loos	2	12
ditto vom österr. 100 fl. Loos	2	12

Von der von dem verlebten Hrn. Louis Fränkel dahier unter den Staatspapieren aufgeführten geschenkten württemberger Obligation von 500 fl. betrugen die bis zum Schenkungstage angewachsenen Zinsen des halbjährig. Coupons vom 30. September (zu 11:15) die Summa von 9 15

	fl.	kr.
Zinsen von 500 fl. Obligation v. 1. Juni 1868	10	—

Von erwähnter Obligation wurden zwei Coupons vom 1. Juni und 1. Dezember 1866 à 10 fl. abzuschneiden vergessen (die vom 1. Juni 1867 ist im dritten Jahre, sowie jene vom 1. Dezember 1867 im laufenden vierten Jahre oben aufgeführt) 20 —

	fl.	kr.
Zinsen von 100 fl. Oblig. vom 1. Juni 1868	4	30
ditto von 1000 fl. Obligation	22	30
ditto von 1000 fl. Obligation	40	—
ditto von 1000 fl. Obligation	22	30
ditto von 1000 fl. Obligation	40	—
ditto von 1000 fl. Obligation	40	—
ditto von 3 bayer. 100 Thl.-Prämien à 7 fl.	21	—
ditto von 1000 fl. Obligation	22	30
ditto von 1000 fl. Obligation	40	—
ditto von österr. 50 fl. National	1	13
Summa	546	54

II.
Jahres- und momentane Beiträge.

Viertes Jahr.

	fl.	kr.
Herr Löb Sittenheim in Obereuerheim	5	—
" Löb Klau in Theilheim	1	45
" Anfon Schwabacher in Würzburg	25	—
" Louis Rosenblatt daselbst Synagogenspende	5	—
" Jonas Igersheimer in Mergentheim	25	—
Frau Wwe. Maier Schwab in Rimpar	10	—
Herr Moses Klau in Würzburg	10	—
" Samuel Elbod in Höchberg	10	—
" Lissmannn Em. Oppenheimer in Würzburg	30	—
" Jakob Strauß Sohn in Heilbronn	2	—
" Lehrer Strauß in Merchingen	1	45
Aus der Gemeinde Laudenbach, von den Herren: S. Strauß 20 fl., Joseph Strauß 30 kr., Aron Adler 1 fl. 30 kr., Süssel Süßer 2 fl. 42 kr., Maier Rosendorf 1 fl., Samf. Adler 1 fl., Aron Hecht 30 kr., Isak Adler 1 fl., Aron Berney 1 fl. 30 kr., Nisan Adler 1 fl. 45 kr., Salomon Kahn 2 fl. 42 kr., Moses Adler 30 kr., Hirsch Frank jung 1 fl., Levi Worms 1 fl., zusammen	36	39
Herr S. W. A. Seemann in Gunzenhausen	20	—
" Sußmann Schloß in Rineck	2	—
" Samuel Kaufmann in Altenstein	4	30
Durch Herrn Moritz S. Werzbach in Offenbach Namens Ungenannt	10	—
Herr Aron Rosenblatt in Regensburg	25	—
" Simon Em. Oppenheimer in Würzburg	35	—
" Isak S. E. Oppenheimer das.	20	—
" Aron Hirsch und Sohn in Halberstadt	80	—
Frau Jette Hellmann in Ebelsbach	25	—
Anonym mit Poststempel Orb	10	—
Durch S. Gutmann in Aidhausen, von den Herren: Löb Stern 5 fl., S. Gutmann 5 fl., Aron Stern 3 fl. 30 kr., Ungenannte 3 fl. 30 kr., K. J. Kleinhäuser 1 fl., Lippmann Kuhn 1 fl., zusammen	19	—
Herr Salomon Kohnstamm von Amerika z. Z. in Wiesbaden	25	—
" Isak Schwab in Würzburg	12	30
" Heinrich Haymann in Sulzbach	20	—
" Simon Hajum Oppenheimer in Würzburg	25	—
" Sußmann Schaßmin das.	10	—
Durch Herrn Lehrer J. Sichel in Treuchtlingen, von den Herren: David Weimann 25 fl., Familie Theilheimer 11 fl., Salomon Weimann 2 fl. 42 kr., zusammen	38	42
Herr Löb Adler in Karbach	3	—
" Dr. Moses Deutsch für dessen Schwiegervater Hrn. Moritz Weishut in Pilsen	1	30
" Samuel Schäfer in Würzburg	10	—
Durch Herrn Cultusvorst. Dav. Grünspecht in Wüstensachsen, von ihm 1 fl., von den Herren: Maier Weinberger 30 kr., Maier Buchsbaum 6 kr., Aron Linz 12 kr., Joel Luz 6 kr., Juda Nußbaum 1 fl., Maier Schneeberger 30 kr., Sigm. Weinberger 30 kr., Mendl Röbelheimer 1 fl. 30 kr., Isak Röbelheimer 5 fl., Maier Nußbaum 30 kr., Löb Nußbaum 30 kr., Hirsch Weinberger 1 fl., Mendel Wohl 6 kr., Ratte Borhauser 1 fl., ferner 45 kr., Vittor Gold 12 kr., Isak Rosenstock 24 kr., Löwenstein 12 kr., Ungenannter 15 kr., zus.	15	18

Jahres- und momentane Beiträge.

	fl.	kr.
Herr Feist Berg in Würzburg	10	—
„ Samuel Abler in Allersheim	10	—
„ H. Heimann in Würzburg	3	—
Durch Herrn Religionslehrer R. Freund in Rimpar, von den Herren: Maier Hofmann 4 fl, Gumpel Stockheimer 3 fl. 48 kr., Samuel Gundersheimer 6 fl., Derselbe von einer Stiftung 5 fl., Joseph Frank 2 fl. 42 kr., Lippmann Lehmann 1 fl., Samuel Schwab 2 fl 30 kr., Jüblein Hofmann 2 fl., W. H Lehmann 1 fl., Baruch Schwab M. S. 1 fl, Kusel Hermann 30 kr., Ungenannt 30 kr., zusammen	30	—
Herr Gebrüder Kohn in Frankfurt a M.	15	—
Frau Wittwe Joseph Schwab in Würzburg	20	—
Herr Abraham Cramer u. Söhne in Thundorf	50	—
„ Salomon Fall in Aub	10	—
Durch Herrn Distrikts-Rabbiner Abler in Burgpreppach, von den Herren: Lehrer Pfeufer 2 fl., Nathan Traub 12 kr., S. E. Blum sel. Wwe. 12 kr., Samuel Hirschmann 1 fl., Kusiel Schönemann 24 kr., Jette Goldmann 24 kr., Abr. Goldmann 12 kr., Levi Schönemann 12 kr., H. Schönemann 30 kr., Rabbiner Adler 18 kr., Maier Adler 1 fl., L. Ullmann 2 fl., H. Adler 1 fl., J. Sal. Blum 48kr., Aron Hirschmann 1fl., Pf. Strauß 3 fl. 30 kr., Aron Goldstein 18 kr., Jos. Friedmann 3 fl., Em. Adler 2 fl., zusammen	20	—
Herr Moses Bierig in Edelfingen	2	—
„ Religionslehrer H Eschwege in Karbach	2	—
Durch Herrn Cultus-Vorstand Nathan Rosenband daselbst von dortiger Gemeinde	16	39
Herr Schmaje Stein in Nordheim	8	—
Durch Herrn Moses Dannenbaum in Bastheim von den Herren: Gump Strauß 2 fl., K. Dannenbaum Wwe. 2 fl., Jakob Blum 1 fl, Aron Dannenbaum 1 fl., Sam Brungeßner 1 fl., Moses Dannenbaum 1 fl. zusammen	8	—

	fl.	kr.
Herr Moses Bierig in Edelfingen	4	—
„ Joseph Linz in Greussenheim	3	30
„ B. Bärmann in Fürth	7	—
„ Jakob Schwab in Würzburg	10	—
„ Mendel Freudenthal das.	15	—
„ Heimann Freudenthal das	5	—
Durch Herrn Cultus-Vorstand B. Kromwell in Gunzenhausen von den Herren: B Kromwell 1 fl. 45 kr., G. Bergmann 1 fl. 45 kr., Abraham Hesselberger 1 fl., Joseph Hesselberger 2 fl. 30 kr., S. Blumenstein 48 kr., Jak. Gerst 2 fl. 20 kr., Rosenbach Wwe.36kr.,Eichbaum 24 kr., Jondof Hellmann 18 kr., Joseph Malz 18 kr., Jak. Schön 9 kr., David Joelsohn 18 kr, Sam. Joelsohn 2 fl. 30 kr., S. Reinemann 3 fl., Ellan Joelsohn 1fl.45kr., Rais Kromwell 30 kr., Joel Bär Joelsohn 30 kr., David Kromwell 18 kr, Zuschuß 1 kr, zusammen	20	45
Herr Jakob Einstein in Kleinörblingen	15	—
„ Hajum Süßer in Würzburg	7	—
„ Moritz S. Merzbach in Offenbach aus Auftrag eines Ungenannten	30	—
Durch Herrn Cultus-Vorstand Moses Neu in Schopfloch von dortiger Gemeinde	16	30
Durch Herrn Cultus-Vorstand Amson Neuburger in Ellingen von den Herren: Isak Neuburger 30 kr., Benjamin Schülein 30 kr., S.Gutmann 30 kr., J. Oberdorfer 30kr., B Löwensohn 12 kr, M. B. Ansbacher 24 kr, W. Wolf 9 kr., J. W. Flösch 15 kr., Lippmann Wolf 18 kr., Maier Neuburger 30 kr., Amson Neuburger 1 fl. 12 kr., Lippmann 15 kr., zusammen	5	15
Durch Herrn Benj. Uhlfelder in Gerolzhofen von den Herren: H. Hirschberger 1 fl. 45 kr., Jakob Hirschberger 1 fl., Abr. Hirsch 1 fl., Benj. Uhlfelder selbst 20 fl., zusammen	23	45
Herr E. R. Rosenbaum in Zell	10	—
Durch Herrn Religionslehrer Jak. Geßner in Röllersleier von den Herren: Samuel Stern		

Jahres- und momentane Beiträge.

	fl.	kr.
3 fl. 30 kr., Maier Löb Bergmann 1 fl. 45 kr., Wolf Jos. Stern 1 fl., Moses Stern 2 fl., Moses Wolf Stern 2 fl., Feist Hirsch Bergmann 18 kr., Simon Ring 24 kr., Maier Bergmann 24 kr., Pinhas Bergmann 24 kr., Seckl Stern 36 kr., Abraham Ring 30 kr., Michael Frank 36 kr., Maneß Berliner 12 kr., Zuschuß 15 kr., zusammen	14	—
Frau Wittwe Löb Flamm in Renzenheim	7	—
Durch Herrn Lehrer Jsak Eschwege in Pappenheim von den Herren: David Feuchtwanger 2 fl. 42 kr., Löb Veis Baumann 1 fl. 45 kr., Heinrich Baumann 1 fl., Ungenannt 1 fl., zusammen	9	9
Durch Herrn Rabbiner H. Schwarz in Hürben von den Herren: J. S. Guggenheimer 3 fl. 30 kr., Jos. R. Landauer 3 fl. 30 kr., David Neuburger 2 fl., Moses S. Landauer 5 fl., Lazarus Gump 1 fl. 30 kr., Gumper und M. Landauer 3 fl. 30 kr., der Verein Chevras Talmud-Thora 5 fl. 24 kr., Abraham Bach 1 fl. 30 kr., Ungenannt 1 fl. 30 kr. zusammen	27	—
Herr Ephraim Eisemann in Marktbreit	5	—
„ Samuel Neuberger in Arnstein	5	—
Aus der Gemeinde Ermershausen von den Herren: Viktor Stern 1 fl., ferner von demselben 2 fl., Markus Stern 1 fl., Moses Goldberger 1 fl., Salomon Stern 1 fl., Jakob Salzer, Lehrer 1 fl., Moses Fichtelberger 1 fl., Eisig Friesner 2 fl., Emanuel Rau 1 fl., 9 kr. wurden für Porto abgezogen bleibt	10	51
Herr Stern in Neustadt a/S.	5	—
Durch Herrn Hirsch Klein in Bamberg von den Herren: Salomon Wetzlar 5 fl., Marx Ullmann 5 fl., Heinrich Neu 5 fl., Hirsch Klein selbst 10 fl., zusammen	25	—
Durch Herrn Felix Heim in Würzburg mit einem versiegelten Brief mit Zettelchen „Fürs löbliche Seminar A. M."	10	—
Herr Seligmann Friedmann in Königshofen im Grabfeld	25	—
„ Jakob Sonn in Mainstockheim (siehe Bericht)	10	—
„ Juda und David Carlebach in Mannheim	30	—
Aus der Gemeinde Heidingsfeld von den Herren: Joseph Rosenheim 10 fl., Mahrum Weiß 2 fl., A. Bamberger 3 fl. 30 kr., A. Goldschmidt 5 fl., S. Romann 2 fl. 42 kr., Moses Frank 2 fl. 42 kr., Mahrum Frank 2 fl. 42 kr., Aron Fuchs 2 fl., S. Steinam 2 fl., J. Schwarz 30 kr., W. Reinstein 5 fl., Sigmund Hellmann 5 fl., Amson Schwabacher 5 fl., Manasses Bachmann 1 fl. 30 kr., zusammen	49	42
Aus der Gem. Mainstockheim von den Herren: Jos. Stern 5 fl., Hirsch Stern 7 fl. S. Friedmanns Wwe. 5 fl., Benjamin N. Sonder 3 fl. Wolf Rothstein 1 fl. 45 kr., Maier Stern 3 fl. Jakob Stiebel 1 fl. 30 kr., Jsak Feldhahn 1 fl. 45 kr., S. Rothstein 1 fl., Benjamin S. Sonder 2 fl. 42 kr., Samuel Sonder 2 fl. 42 kr., M. A. Klugmann 2 fl., Moritz Silber 1 fl., zusammen	37	24
Durch Herrn Henle Kohn in Wassertrübingen von den Herren: David Neumaier 3 fl. 30 kr., Michel Sommer 1 fl. 45 kr., David Kohn 5 fl., Frau Ella Kohn 10 fl., Nathan Kohn 10 fl., Henle Kohn selbst 14 fl. 45 zusammen	45	—
Durch Herrn Max Wassermann in Wannbach von dortiger Gemeinde	8	30
Durch Hrn. Dr. Fränkel in Würzburg von seiner Frau Schwester	3	—
Herr Moses Eichel in Gemünden	5	—
Durch Herrn Cultusvorst. Sußmann Lippstätter von der Gemeinde Schweinshaupten	6	—
Durch Herrn R. Rosenthal von der Gemeinde Mühlfeld	7	18
Durch Herrn Cultusvorstand S. Oettinger von der Gemeinde Eberheim	11	12
Durch die Herren Abrah. Lion und Otto Frank son. in Steinach a/S., von den Herren: Löb David Stern 1 fl. 45 kr., Löb		

Jahres- und momentane Beiträge.

	fl.	kr.
Joseph Stern 1 fl., Marx Frankl 1 fl., Löb Frankl 1 fl., Abraham Frei 1 fl., Beßla Treuhold 30 kr., Sal. Strauß 1 fl. 30 kr., Salomon Wolf 1 fl., Gabriel Maier 1 fl., Abraham Lion 1 fl. 30 kr., Gerson Geßner 30 kr., Juda Wolf 30 kr., Moses Strauß 2 fl., Joseph Strauß 1 fl., Sal. Geßner 30 kr., Lukas Treuhold 1 fl., Marx Siegel 1 fl., Otto Frankl sen. 1 fl. 30 kr., Isak Frei 1 fl., Gabriel Strauß 1 fl., zusammen	21	15
Herr Isak Hommel in Würzburg	2	—
Aus der Gemeinde Rineck von den Herren: Isak Neugaß 2 fl., Samuel Strauß 1 fl. 12 kr., Samuel Eisemann 1 fl., Heimann Strauß 1 fl., Moses Strauß 1 fl. 30 kr., Samuel Oppenheimer 1 fl., Hanna Schloß 30 kr., Anschil Kahn 1 fl., Wolf Schloß 1 fl. 12 kr., Jecheskel Kahn 1 fl., Benjamin Strauß 45 kr., Zuschuß 4 kr., zusammen	12	13
Herr Isak Eschwege, Lehrer in Poppenheim	2	—
„ Lazarus Marx in Mönchsroth	10	—
„ Maier u. Sigmund Fleischmann in Würzburg, Synagogenspenden	1	45
Aus der Gemeinde Unteralterthaim von den Herren: David Braumann 1 fl. 45 kr., Moses Löb Braumann 48 kr., Salomon Braumann 1 fl., Sim. Fröhlich 1 fl., Moses Braumann 30 kr., Isak Braumann 30 kr., Mayer Fröhlich 30 kr., zusammen	6	3
Herr Jakob Sonn in Mainstockheim (siehe Bericht)	5	—
„ Joseph Marx in Strümpfelbrunn	25	—
„ Jakob Leitner in Lonnerstadt	7	—
Durch Herrn Lehrer J. Sichel Treuchtlingen von den Herren: Lazarus Lang 11 fl., Jakob Stettauer 2 fl. 42 kr., Uri Oesterreicher 2 fl. 42 kr., zusammen	16	24
Durch Herrn Löb Strauß von der Gemeinde Kratsdorf	5	30

	fl.	kr.
Herr Jakob Löb Schönfärber in Dornheim	5	—
„ D. H. Igersheimer in Dörzbach	5	—
Durch Herrn Cultusvorst. Eman. Stern in Hammelburg von den Herren: Emanuel Stern selbst 1 fl., Heinrich Katz 1 fl. 30 kr., Salomon Stiefel 1 fl., zusam.	3	30
Durch Schulcandidaten J. Baum von einem Ungenannten in Nordheim	3	—
Herr Nathan Schulhöfer in Würzburg	15	—
„ Moses Schulhöfer daselbst	10	—
„ Sim. Weiß in Altleiningen Synagogenspende	—	30
„ Oppenheimer in Gronau	8	45
Durch Herrn E Katzenberger von der Gemeinde Reckendorf	35	—
Durch Herrn Julius Palm in Sommerhausen, von den Herren Gebrüder Stahl 3 fl. 30 kr., Jul. Palm selbst 1 fl. 45 kr., zusammen	5	15
Herr Rabbiner David Weißkopf in Wallerstein	3	30
Durch Herrn Rabbiner Simon Bamberger in Fischach, von den Herren: Deller 2 fl. 42 kr., Joseph Menble II 2 fl., E. Menble 1 fl., zusammen	5	42
Herr Löb Krailsheimer in Hohenbach	5	24
„ Heßlein Lonnerstädter in Haßfurt	10	—
„ Emanuel Abler in Mainstockheim Namens eines Ungenannten	1	—
„ Isak Rosenfelder in Bamberg	2	42
„ F. Stern in Neustadt a/S.	5	15
Durch Herrn Cultusvorstand M. Fulder in Thüngen von den Herren: Isak und Jakob Glaser 25 fl., Nathan Zeno 2 fl. 42 kr., Nathan Siegel 1 fl. 45 kr., Löb und Seedel Borchheimer 1 fl. 45 kr., J. Goldschmidt 1 fl. 45 kr., Anschel Fröhlich 1 fl. 21 kr., M. Frankenberger 1 fl. 21 kr., Joseph Schreiner 48 kr., Baruch Hirschheimer 1 fl., M. Fulder 1 fl., Joseph Zucker 24 kr., Hona Wohl 30 kr., Simon Bierschild 30 kr., Hona Salin 1 fl., Getz Salin 48 kr., Hona Nußbaum 18 kr.,		

Jahres- und momentane Beiträge.

	fl.	kr.
Sona Stern 1 fl., Hirsch Mai 48 kr., Seligmann Sohn 24 kr., Simon Borchheimer 3 fl. 30 kr., D. Schlesinger 3 fl. 30 kr., zusammen	51	9
Durch Herrn Cultusvorst. Maier Hirsch in Frankenwinheim von dortigen Gemeindegliedern	7	12
Herr Elias Elbod, Lehrer in Kleinnördlingen	4	45
Durch Herrn Rabbiner Dr. Maier Löwenmaier in Sulzbürg von einigen Familien daselbst	3	36
Herr Jakob Sonn in Mainstockheim (siehe Bericht)	15	—
Durch Herrn Rabbiner Kohn in Baiersdorf von dem dortigen Torat-Chesed-Verein	20	—
Ungenannt in Sch.	10	—
Herr Raphael Blum in Acholshausen	10	—
„ Elias Landauer in München	25	—
Aus der Gemeinde Oberaltertheim von den Herren: Löb Grünebaum sen. 9 kr., Löb Kahn 9 kr., Simon Kahn 15 kr., Jakob Strauß 1 fl., Herz Strauß 12 kr., Simon Traubel 12 kr., Löw Traubel 1 fl., Pfeufer Kahn 9 kr., Gibel Fein Wwe. 12 kr., zusammen	3	18
Herr Elbod in Höchberg, Synagogenspende	—	18
„ Nathan Markus Oppenheimer in Frankfurt a. M.	25	—
„ Louis Katzenberger in Maßbach	15	—
Durch die Herren Cultusvorstand Hofmann und Aser Wildberg von der Gemeinde Kleinbardorf	20	—
Herr Lehrer A. Blum in Würzburg, Synagogenspende	—	30
„ Jakob Weiters in Tauberrettersheim	10	—
„ Isak Eschwege, Lehrer in Pappenheim	1	—
„ Abraham Sonn in Großlangheim	2	42
„ Jak. Binswanger u. Comp. in Augsburg	20	—
„ Karl Joseph Schwab in Würzburg	10	—
„ Louis Henneberger daselbst	25	—
Durch Herrn Rabbiner Löb Wißmann in Schwabach von den Herren: Rath. Feuchtwanger 25 fl., M. Weinschenk 25 fl., M. Cohn 10 fl., H.		

	fl.	kr.
Orbenstein 25 fl., H. Ullmann 10 fl., J. L. Rosenbaum 5 fl, A. H. Bechhöfer 4 fl, S. Enslein 3 fl., Rabbin Wißmann selbst 5 fl., J. Roßheimer 2 fl., H. Lein 7 fl., S. Wechsler's Wwe. 5 fl, M. Strauß 1 fl 45 kr., M. H. Wechsler 5 fl, J. Löwenthal 1 fl 12 kr., M. Feuchtwanger 8 fl, Felix Valentin 5 fl., zusammen	146	57
Frau Betty Hartwig in Copenhagen	17	30
Herr Seel Kohl in Kleineibstadt	20	—
„ Moses Schloß in Veitshöchheim	3	—
„ Jakob Gotthold in Würzburg	1	45
„ Lißmann Em. Oppenheimer das.	5	—
„ Isak Eschwege, Lehrer in Pappenheim	1	—
„ Löb Adler in Karbach	3	30
„ Salomon Seckel in Copenhagen	7	—
„ Lewisohn daselbst	1	45
„ Salomon Lonnerstädter in Veitshöchheim	10	—
„ Salomon Bing in Würzburg	25	—
„ Salomon Billmann in München durch Hrn. Joseph Billmann dort	50	—
„ Jos. Schmalbach in Würzburg, Synagogenspende	—	18
„ Anschel Stern daselbst Synagogenspende	—	18
„ Maier Grübel daselbst Synagogenspende	—	30
„ Samuel Abler in Allersheim	8	20
„ Heß Eisenburg in Kissingen	25	—
„ Löb Rosenthal in Homburg	5	—
„ Jakob Gotthold in Würzburg	1	45
„ Distrikts-Rabbiner Weiskopf in Wallerstein	3	30
„ Bär Goldschmidt in Bad Homburg Synagogenspende	18	—
„ Bäcker Heimann in Würzburg	10	—
Anonym mit Poststempel Hammelburg	30	—
Herr Nathan Frank in Estenfeld	5	—
„ Salomon Lehmann in Wiesenbronn	2	—
Durch Herrn Mendel Hirnheimer in Greußenheim, von den Herren: Isak Linz 8 fl. Frau So-		

Jahres- und momentane Beiträge.

	fl.	kr.
phie Linz 4 fl., Marx S. Fröhlich 2 fl., M. D. Fröhlich 2 fl., Jakob Linz 3 fl., Mendel Hirnheimer sel st 5 fl., zusammen	24	—
Herr Jakob Gotthold in Würzburg	1	45
Durch Frau Stern in Neustadt a/S.	7	—
Herr Raphael Blum in Acholshausen	5	—
„ Moses Wiesengrund in Dettelbach	25	—
„ S. A. Strauß in Würzburg	15	—
„ Simon Oppenheimer in Aub	10	—
Durch Herrn Maier Hofmann in Rimpar von Hirsch in Obereuerheim	7	—
Herr Lehrer Eschwege in Karbach	2	—
„ Gundersheimer in Rimpar	5	—
„ Dr. C. Fränkel in Würzburg	5	—
„ Feibel Spiegel daselbst	5	—
„ Löb Adler in Karbach	3	30
„ Benjamin Uhlfelder in Gerolzhofen	10	—
Durch Herrn Religionslehrer S. Maaß in Reichmannsdorf von den Herren: Samuel Wortsmann, Cultus-Vorstand 4 fl., Hirnheimer 1 fl., Religionslehrer Maaß 1 fl., Salomon Wortsmann, Metzger 30 kr., Frau Ehrlich Wwe. 30 kr., Moses Strauß 30 kr., Elias Hirsch 36 kr., Zuschuß 30 kr., zusammen	8	36
Herr Jakob Gotthold in Würzburg	1	45
Durch Herrn Rabbiner Dr. Löb in Ichenhausen von den Herren: Daniel Einstein 25 fl., Israel Koschland und Söhne 15 fl., Samuel Hirsch 5 fl. 24 kr., Anselm Hirsch 5 fl. 24 kr., Reichenberger u. Comp. 8 fl. 6 kr., Frommen-Verein 15 fl., Talmud-Thora-Verein 11 fl., Gebrüder Wolf 5 fl., Sigmund Gutmann 2 fl., Ungenannt 2 fl. 6 kr., zusammen	94	—
Durch Herren Dr. L. Sternheim in Hannover dort gesammelt	36	—
Herr Oppenheimer in Gronau	8	45
„ G. Pragheimer in Würzburg	10	—
„ David Goldschmidt das.	10	—
Herr J. D. Adler in Urspringen	5	—

	fl.	kr.
Herr J. J. Adler daselbst	5	—
„ Löb Joseph Adler daselbst	3	30
„ dessen Söhnchen Chajum	—	30
„ Aron Fränkel und dessen Sohn Nathan daselbst	3	30
„ Ruben Fränkel daselbst	5	—
„ Chajim Hirnheimer in Heidingsfeld	5	—
„ J. Moßbacher in Kronach für sich und seinen Bruder in Frießen	20	—
„ Jakob Gotthold in Würzburg	1	45
Aus der Gemeinde Wiesenfeld von den Herren: J. Hanauer 1., 5 fl., A. L. Hecht 3 fl. 30 kr., Lichtenstädter und Schloß Wwe. 5 fl. 6 kr., B. Hanauer 3 fl., A. Bamberger 1 fl. 10 kr., A. Kahn 3 fl. 30 kr., J. Steigerwald 18 kr., Grünbaum 3 fl. 30 kr., B. Schild 36 kr., Zuschuß 30 kr. zus.	26	10
Durch Herrn S. Elbod in Höchberg von Ungenannt	5	—
Herr Moses Sichel in Grünsfeld	20	—
„ Horaz Günzburg in Paris	50	—
„ Pfeifer Strauß in Burgpreppach	10	—
„ H. Kohn in Wassertrübingen und Marx in Mönchsroth	49	59
„ Jos. Billmann in München	25	—
Anonym mit Poststempel Frankfurt am Main	3	30
Durch Herrn Moses Blättner in Schwanfeld von dortiger Gemeinde	20	30
Herr Baruch Freudenberger in Zellingen	2	—
„ Jakob Einstein in Kleinnördlingen	15	—
Herr Michel L. Mainz in Frankfurt am Main	10	—
„ M. J Kirchheim daselbst	10	—
„ Moses L. Mainz das.	20	—
„ Löb Schwab 1 das.	15	—
„ David Jonas Bonbi	10	—
„ Isak Kaufmann daselbst	10	—
„ Gebrüd. Goldschmidt das.	15	—
Frau Wwe. Juba Kulp daselbst	10	—
„ David Rapp daselbst	10	—
„ Maier Schwab daselbst	10	—
„ L. W. Schwabacher daselbst	20	—
„ S. Eisenmann daselbst	10	—
„ Aron Oppenheimer daselbst	10	—
„ Eußmann Unna daselbst	5	—
„ Benjamin Roos daselbst	12	—
„ Jakob Straus daselbst	15	—
„ Laffar Mainz daselbst	10	—
„ Louis Goldschmidt das.	10	—

Jahres- und momentane Beiträge.

	fl.	kr.
Herr B. J. Goldschmidt in Bad Homburg	10	—
„ Benjam. Rieberhofheim in Frankfurt am Main	10	—
„ Wolf Fuld daselbst	10	—
„ Moses Schwab daselbst	12	—
„ Wolf Baß daselbst	50	—
„ Zacharias Wertheimber das.	10	—
„ Marcus S. Königswärter daselbst	50	—
„ M. Riedermaier das.	25	—
„ Salomon Schwab daselbst	10	—
„ Mos.Mich.Oppenheimer das.	20	—
„ Anton Offenstadt das.	10	—
„ Felix Sachs daselbst	15	—
Ein nicht genannt sein wollender Herr	1000	—
Herren Gebrüder Dann in Frankfurt am Main	10	—
Herr Districtsrabbiner Weislopf in Wallerstein	3	—
„ Ruben Fränkel in Urspringen bei der Hochzeit seiner Tochter	7	—
Ungenannter in Sch.	15	—
Durch Dr. C. Fränkel in Würzburg von seiner Frau Schwester	3	—
Herr Marcus Hirschberger das.	10	—
„ Bernhard Adler daselbst	10	—
„ Dr. Binge in Bad Homburg	10	—
„ Seligmann Eisfelder in Würzburg	25	—
„ Lißmann Em. Oppenheimer daselbst	5	—
„ Samuel Rosenthal daselbst, Synagogenspende	25	—
„ Löb Adler in Karbach	5	—
„ Lehrer Hirsch Eschwege das.	1	—
„ David Rosenheim in Würzburg	7	—
„ Jakob Gotthold daselbst	1	45
„ Salomon Bing, daselbst Synagogenspende	10	—
Frau Hommel daselbst	5	—
Herr Lißmann Fürth in Hanau für sich 7 fl., für seinen Bruder Michael 7 fl., zusammen	14	—
„ Jakob Gotthold in Würzburg	1	45
„ Simon Em. Oppenheimer und Sohn daselbst (bei der Hochzeit des letztern)	30	—
„ Moses Rau in Fürth	17	30

	fl.	kr.
Herr Lißmann Em. Oppenheimer in Würzburg bei der Hochzeit seiner Frl. Tochter	25	—
Durch Felix Heim daselbst in einem verschlossenen Couvert mit der Inschrift „von A. M."	10	—
Durch Herrn Saly Lewysohn in Hamburg von sich 10 Thlr. von Herrn Dr. H. B. Levi 20 Thlr., zusammen	52	30
Durch Herrn Religions-Lehrer Samuel Wechsler in Aschbach, von den Herren: Simon Habermann 10 fl., Samuel Seemann 3 fl. 30 kr., Löb Sußmann 3 fl., Jakob Süß 2 fl. 42 kr., Juda Sußmann 2 fl. 42 kr., Isak Baier 2 fl. 42 kr., Jos. Lehmann 2 fl. 30 kr., Samuel Wechsler 2 fl. 30 kr., Simon Seemann 2 fl., Jon. Fleischmann 2 fl., Frau Kehla Süß 2 fl., Frau Lea Adelburg 2 fl., Pfeufer Seemann 1 fl. 45 kr., Juda Marx 1 fl. 30 kr., Benj. Oppenheimer II 1 fl. 30 kr., Maier Meier 1 fl., A. L. Gut 1 fl., Salomon Fleischmann 1 fl., Ungenannt 30 kr., M. Kohn 30 kr., Benj. Oppenheimer I 18 kr., zusammen	46	48
Durch Herrn Joseph Billmann in München, von den Herren: Abrahm Merzbach 18 fl., Feuchtwanger 12 fl., Kunreuther 6 fl., zusammen	36	—
Herr Bär Lämmlein in Bamberg	10	—
Ungenannt	1	—
Von einem ausgetretenen Zögling (siehe Bericht)	200	—
Von einem Zögling (siehe Bericht)	25	—
Von einem ferneren Zögling (siehe Bericht)	25	—
Von dem Zögling Pfeufer Grünebaum von Oberaltertheim in zwei Semesterzahlungen und zwar im ersten Semester 100 fl., im zweiten 88 fl., (siehe Bericht)	188	—

Summa 5076 fl. 36 kr.

III.
Schenkungen an Staatspapieren.

Von Frau Wittwe des sel. Herrn Juda Michael Kulp in Frankfurt am Main drei Stück österreichische Loose vom Jahre 1860 à 100 fl.
Von dem seligen Herrn Louis Fränkel in Würzburg eine 4½% württembergische Obligation von 500 fl.

Ausgaben.
Viertes Jahr.

Lit.	Beleg-Nr.		fl.	kr.
A	1 mit 61	Gehalte der Lehrer und des Hausmeisters	2746	48
B	62	Lehrer-Gratifikation	50	—
C	63—76	Für die Küche und Beleuchtung ꝛc.	484	48
D	77—79	Viktualien	40	28
E	80—90	Bäcker	750	31
F	91—101	Metzger	636	37
G	102—111	Beheizung	146	45¼
H	112—117	Buchdruckerei	27	24
J	118—121	Buch- und Kunsthandlungen	17	22
K	122—125	Zeitungen	4	48
L	126—131	Steuern	44	52½
M	132—134	Wasserleitung incl. Leitung derselben zum obern Stock	22	48
N	135—138	Verschiedene Hausgeräthe	16	35
O	139—143	Dienstboten	135	50
P	144—153	Handwerksleute	87	30
Q	154	Hausarzt	25	—
R	155	Apotheke	3	6
S	Laut Buch	Portis	9	1
T	156—157	Telegraphie	7	28
U	158—159	Reisespesen	26	33
		Summa	5284	¾

Zusammenstellung:
Einnahmen   5623 fl. 30 kr.
Ausgaben   5284 fl. ¾ kr.
Cassabestand   339 fl. 29¼ kr.
Hiezu Cassabestand des
  vorigen Jahres 12597 fl. 36¾ kr.
Summa   12937 fl. 6 kr.

Nebst den geschenkt erhaltenen Staatspapieren.

Fünftes Jahr.

I.
Gründungsbeiträge und Zinsen.

	fl.	kr.		fl.	kr.
Zinsen von 500 fl. Oblig. vom 1. November	10	—	ditto vom österr. 250 fl. Loos v. 1. April 1869	7	57
ditto von 500 fl. Oblig. vom 1. Nov.	10	—	ditto vom österr. 100 fl. Loos v. 1. Mai 1869	1	57
ditto von 500 fl. Oblig. vom 1. Nov.	10	—	ditto von 100 fl. österr. Loos v. 1. Mai 1869	1	57
ditto von 1000 fl. Oblig. vom 1. Dezember	22	30	ditto von 100 fl. österr. Loos v. 1. Mai 1869	1	57
ditto von 1000 fl. Obligation v. 1. Dezember	22	30	ditto von 100 fl. österr. Loos v. 1. Mai 1869	1	57
ditto von 500 fl. Oblig. vom 1. Dezember	10	—	ditto von 1000 fl. Obligation v. 1. Juni	22	30
ditto von österr. 100 fl. Loos v. 1. Nov.	1	59½	ditto von 100 fl. Obligation v. 1. Juni	4	30
ditto vom österr. 100 fl. Loos vom 1. November	1	59½	ditto von 1000 fl. Oblig. vom 1. Juni	22	30
ditto vom österr. 100 fl. Loos v. 1. November	1	59½	ditto von 500 fl. Oblig. vom 1. Juni	10	—
ditto vom österr. 100 fl. Loos v. 1. November	1	59½	ditto von 1000 fl. Obligation v. 1. Juni	40	—
Herr Löb Salomon Rosenbaum in Wannbach eine Schenkung von	300	—	ditto von 1000 fl. Obligation v. 1. Juni	40	—
Zinsen von 500 fl. Oblig. vom 1. Februar 1869	11	15	ditto von 1000 fl. Obligation v. 1. Juni	40	—
ditto von 1000 fl. Obligation vom 1. Februar 1869	40	—	ditto von 3 bayer. 100 Thl.-Prämien à 7 fl. vom 1. Juni	21	—
ditto von 1000 fl. Oblig. vom 1. Februar 1869	22	30	ditto von 500 fl. Oblig. vom 1. August	11	15
ditto von 1000 fl. Obligation vom 1. Februar 1869	22	30	ditto von 1000 fl. Obligation v. 1. August	22	30
ditto von 500 fl. württemberg. Obligation vom 1. April 1869 (siehe Schenkungen vom vorigen Jahr)	11	15	ditto von 1000 fl. Oblig. vom 1. August	22	30
ditto von 500 fl. Obligation vom 1. Mai 1869	20	—	ditto von 1000 fl. Oblig. vom 1. August	40	—
ditto von 500 fl. Obligation vom 1. Mai 1869	10	—	ditto von 500 fl. württemberg. Obligation vom 1. Oktober 1869 (siehe Schenkungen von vorigem Jahre)	11	15
ditto von 500 fl. Obligation vom 1. Mai 1869	10	—	ditto von 50 fl. österr. National convertirt in Silberrente vom 1. Oktober	2	25
ditto von 500 fl. Obligation vom 1. Mai 1869	10	—	Summa	896	37
ditto vom 500 fl. Obligation vom 1. Mai 1869	20	—			

II.
Jahres- und momentane Beiträge.

Fünftes Jahr.

	fl.	kr.
Herr Samuel Elbod in Höchberg	10	—
„ Sußmann Schloß in Ried	2	—
„ Simon Em. Oppenheimer in Würzburg	35	—
„ Isak S. E. Oppenheimer daselbst	20	—
„ Maier S. E Oppenheimer daselbst	20	—
„ Samuel Rosenthal daselbst	25	—
„ Moses Klau daselbst	10	—
„ Moses Maier daselbst	10	—
„ Amson Schwabacher das.	25	—
Frau Rosenberg aus Rußland	19	30
Herr Hirsch Frank in Scheinfurt	5	—
„ S. Steinam in Würzburg	27	40

Durch Herrn Religionslehrer Abr. Oppenheimer in Theilheim, von den Herren: Laz. Baumblatt sen. 2 fl. 42 kr, Heinr. Freudenthal 1 fl., Isak Löb Lebermuth 90 kr., Simon Lebermuth 24 kr, Aron Berliner 30 kr., Lazarus Lebermuth 12 kr, Hirsch Schasmin 2 fl. 42 kr., Lazarus Baumblatt jung 1 fl., Mendel Rosenbaum 1 fl., Salomon Rosenfelder 1 fl. 45 kr., Joel Rosenfelder 2 fl., Isak Baumblatt 1 fl, Mordchai Baumblatt 30 kr., Wolf Moses Klau 1 fl., Lazarus Freudenthal 30 kr., Löb Schasmin 2 fl. 42 kr., Löb M. Klau 2 fl., Aron Moses Klau 1 fl. 30 kr., Moses Klau alt 30 kr., Nathan Frankenberger 30 kr., Wolf Kleemann 24 kr, Jakob Löb Baumblatt 1 fl., Maier Freudenthal 1 fl., Bela Freudenthal 30 kr, Aron Löb Klau 1 fl., Samuel M. Klau 1 fl., Isak Klein 1 fl. 45 kr., Löb Kleemann 1 fl., Isak Fink 1 fl., Joseph Federleicht 30 kr., Moses Suggenheimer 1 fl., Samuel Aron Klau 1 fl. 10 kr., Isak Löb Rosenbaum 1 fl.,

	fl.	kr.
Laz. Fink 1 fl., Sal. Friebenheim 30 kr., Wolf Baumblatt 30 kr., Nathan Baumblatt 1 fl, Samuel Klau alt 1 fl, Hajum Silberthau 1 fl. 45 kr., Jakob Freudenthal 2 fl, Dav. Lebermuth 2 fl. 42 kr., Dav. Lebermuth 2 fl. 42 kr., Abr. Oppenheimer selbst 47 kr. zus.	47	30
Herr Joseph Schwab jung in Rimpar für dessen Mutter, Frau Wwe Fanny Schwab	10	—
Frau Wwe. Neuberger in Arnstein 10 fl., deren Söhne Heinrich 3 fl. 30 kr., Samuel 3 fl. 30 kr., zusammen	17	—
„ Samuel Wassermann in Bamberg	15	—
Durch Herrn Cultusvorstand Jakob Rosenbach in Schweinshaupten von von dortiger Gemeinde	5	48
Herr Samuel Kaufmann in Altenstein	4	30
„ Aron Hirsch und Sohn in Halberstadt	105	—
Durch Herrn Emanuel Stern in Hammelburg von dortiger Gemeinde	4	24
Herr Isak Schwab in Würzburg	12	30
„ Hare Jakob in Berlin	17	30
„ Lissmann Em Oppenheimer in Würzburg	30	—
„ Louis Rosenblatt das.	25	—
„ J. E. Kohn in Aurich	8	45
„ Simon Haj. Oppenheimer in Würzburg	25	—
„ Wolf Nathan Hellmann in Ebelsbach	10	—
„ Aron Kohn in Philadelphia durch dessen Schwester Frau Dr. Lippmann in Würzburg	50	—
„ Jakob Gotthold in Würzburg	1	45

Durch Herrn Rabbiner Dr. Löwenmaier in Sulzbürg, von ihm 30 kr, von den Herren:

Jahres- und momentane Beiträge.

	fl.	kr.
Hirsch Feuchtwanger 1 fl., S. Goldschmidt 1 fl., Jos. Bamberger 12 kr., Bernhard Feuchtwanger 12 kr., S. B. Neustädter 30 kr., Löb Laubecker 30 kr., Moses J. Regensburger 18 kr. N. S. Regensburger 12 kr., Fanny Maier 12 kr., H. Lunger 30 kr., A. Feuchtwanger 12 kr., Isak Löw Neu 12 kr., Zuschuß 3 kr., zusamm.	5	33
Herr Moses Schloß in Beitshöchheim	4	—
Durch Herrn Cultusvorst. Maier Hirsch in Frankenwinheim, von dortiger Gemeinde	7	48
Durch Herrn Cultusvorst. Max Wassermann in Wannbach von dortiger Gemeinde	15	—
Herr Moses Weitersheimer in Tauberrettersheim	10	—
„ Abraham Schwarzschild in Frankfurt a M.	10	—
Durch Lehrer Salzer in Ermershausen, von den Herren: Markus Stern 1 fl., Viktor Stern 1 fl., Eisig Frießner 3 fl. 30 kr., Emanuel Rau 1 fl., Abraham Moses Goldberger 1 fl., Moses Fichtelberger 1 fl., Lehrer Salzer 1 fl., für Porto wurden 9 kr. abgezogen bleibt	9	21
Herr Seligmann Seliger in Orb	10	—
„ Jak. Leitner in Lonnerstadt	7	—
„ S. W. A. Seemann in Gunzenhausen	20	—
„ Aron Rosenblatt in Regensburg	25	—
„ Mendel Freudenthal in Würzburg	15	—
„ Heimann Freudenthal, das.	5	—
Durch Herrn Hirsch Klein in Bamberg, von sich 10 fl, von den Herren: Salomon Wetzlar 5 fl. Heinrich Neu 5 fl., Markus Ullmann 5 fl. zusammen	25	—
Herr Samuel Schäfer in Würzburg	10	—
„ Sußmann Schasmin, das.	10	—
„ Samuel Abler in Allersheim	16	40
„ Samuel Jos. Schwab in Rimpar	4	45
Durch Herrn Religionslehrer Isak Eschwege in Pappenheim, von den Herren: David Feuchtwanger 2 fl. 42 kr., Löb Bets Baumann 1 fl., Heinrich Baumann 1 fl, David Neumann 1 fl. 45 kr., Lehrer J. Eichweze 1 fl., Babette Schimmel 24 kr., S. S. Schimmel 1 fl. zusammen	8	51
Durch Herrn Cultusvorstand Samuel Lichtenstädter in Kleinsteinach von dortiger Gemeinde	25	15
Herrn Hirsch Kastor in Bamberg	50	—
„ Jonas Igersheimer in Mergentheim	30	—
„ Mayer Löb Eger in Bamberg	10	—
„ Abraham Cramer und Söhne in Thundorf	50	—
Durch Herrn Lehrer J. Geßner in Völkersleier von dortiger Gemeinde (wurde bemerkt daß daß die Geber jene des vorig. Jahres sind)	14	—
Durch Herrn S. Gutmann in Aldhausen, von den Herren: Löb Stern 5 fl., S. Gutmann 5 fl., A. Stern 3 fl. 30 kr., Ungenannt 3 fl. 30 kr., M. Ackermann 1 fl., K. J Kleinhäuser 1 fl., Lippmann Kuhn 1 fl., zusammen	20	—
Herr M. Schulhöfer in Würzburg	10	—
„ Samuel Krämer in Hüttenheim	2	—
„ Nathan Schulhöfer in Würzburg	15	—
„ E. K. Rosenbaum in Zell	10	—
„ Jakob Weiter in Tauberrettersheim	10	—
Durch Herrn Cultus-Vorstand M. Fulber in Thüngen, von den Herren: Joel Goldschmidt 1 fl. 45 kr., Nathan Zeno 2 fl. 42 kr., Anschel Fröhlich 1 fl. M. Frankenburger 1 fl., Jos. Schreiner 36 kr., Löb Viet. Borchheimer 1 fl., M. Fulder 1 fl., Hona Wohl 24 kr., Mos. Stern 18 kr., H. B. Salin 1 fl., Get Salin 24 kr., Moses Siegel 24 kr. Hirsch Mai 30 kr., Seligmann Sohn 24 kr., Sam. Roth 12 Hona Stern 18 kr., Baruch Hirschinger 24 kr., Hona Hirschinger 12 kr., D. Schlessinger 1 fl. Nathan Siegel 1 fl., zusammen	15	33
Aus der Gemeinde Laubenbach von den Herren: Jos. Strauß 24 kr., Aron Abler 1 fl., Süßel Süßer		

Jahres- und momentane Beiträge.

	fl.	kr.
3 fl., Maier Rosendorf 1 fl., Isak Adler 1 fl, Aron Bernei 1 fl. 30 kr. Risen Adler 1 fl. 45 kr., Salomon Kohn 2 fl 42 kr., Moses Adler 30 kr., Hirsch Frankl, jun. 1 fl. Levi Worms 1 fl., Zuschuß 12½ kr., zusammen	16	3½
Herr Adler in Karbach	3	30
Frau Schlessinger in Miltenberg	1	—
Durch Herrn Cultus-Vorstand Jos. Neumann in Willmars von dortiger Gemeinde	5	6
Durch Herrn Lehrer Salzer in Ermershausen von Herrn Eisig Frießner von dort	6	30
Durch Herrn Cultus-Vorstand S. Oettinger in Oberheim von dortiger Gemeinde	13	12
Herr Nathan Bamberger in Würzburg	3	30
Durch Herrn Israel Jüngster in Tann, von sich 1 fl. 45 kr., von den Herren: B. Freudenthal 1 fl. 45 kr., Gelum Mahr 6 kr, Jakob Freudenthal 12 kr., Samson Heilbronn 1 fl., Sandel Heilbronn 1 fl., Salomon Jüngster 12 kr., Maier Sichel 12 kr., Hirsch Stern 30 kr., M. Jüngster 30 kr, zusammen	7	12
Durch Herrn Henle Kohn in Wassertrübingen von den Herren: David Reumaier 3 fl. 30 kr., Michael Sommer 1 fl. 45 kr., David Kohn 5 fl., Frau Ella Kohn 10 fl., Nathan Kohn 10 fl., Henle Kohn selbst 14 fl. 45 kr. zusammen	45	—
Durch Herrn Samuel Wassermann in Bamberg von den Herren: Goldmann 1 fl. 45 kr., Liebreich 20 fl. zusammen	21	45
Durch Herrn Cultusvorstand H. Abler in Burgpreppach, von den Herren: Lehrer Pfeufer 2 fl. 42 kr., Löb Ullmann 3 fl. 30 kr, Samuel Hirschmann 3 fl. 30 kr., Nathan Traub 12 kr, Therese Blum 12 kr., Aron Hirschmann 1 fl. 45 kr., Rufel Schönemann 30 kr., A. Goldstein 18 kr., Levi Schönemann 18 kr., Jos. Friedmann 3 fl., Emanuel Adler 2 fl., Rabbiner Adler 18 kr., Juda Gutmann 12 kr., H. Adler 1 fl., M. Reumann 12 kr., Pfeufer Strauß 3 fl.		

	fl.	kr.
30 kr., Mayer Adler 30 kr., für Porto wurden 9 kr., abgezogen bleibt	23	42
Herr Samuel Strauß in Würzburg, Synagogenspende	11	—
„ Heinrich Haymann in Sulzbach	20	—
„ Joseph Rosenthal in Würzburg	9	30
„ Jakob Gotthold, daselbst	1	45
„ Ephraim Eisemann in Marktbreit	10	—
„ Salomon Fall, Religionslehrer in Aub	7	—
Durch Herrn Cultusvorstand Isak Braumann in Unteraltertheim von dortiger Gemeinde	3	30
Frau Dr. Lippmann in Würzburg	10	—
Herrn Leonhard Müller in Bamberg	50	—
„ S. Friedmann in Königshofen (im Grabfeld)	25	—
„ Louis Katzenberger in Maßbach	10	—
Durch Herrn E. Katzenberger in Redenborf von dortiger Gemeinde	4	39
Herr J. Rosenfelder in Bamberg	5	—
„ L. Heß in Bingen	10	—
Durch Herrn Cultusvorstand B. Krommell in Gunzenhausen, von den Herren: S. Reinemann 3 fl, A. Heffelberger 1 fl., Joseph Heffelberger 3 fl., J. Rosenau 24 kr., David Joelsohn 30 kr., L. Joelsohn 1 fl. 30 kr., S. Joelsohn 1 fl. 45 kr., Joseph Walz 18 kr., J. Hellmann 12 kr, A. Rosenbach 36 kr., J. Schön 12 kr, Eichbaum 24 kr., D. Krommell 12 kr., J. B. Joelsohn 30 kr., G. Bergmann 1 fl. 45 kr., Jakob Gerst 1 fl. 55 kr. J. Blummstein 30 kr., Veis Krommwell 1 fl. 45 kr., Kaie Krommwells, Wittwe 30 kr., zusammen	19	58
Durch Herrn Hirsch Treuchlinger in Heidingsfeld, von den Herren: Joseph Rosenheim 10 fl, Mahram Weiß 2 fl., A. Bamberger 3 fl. 30 kr., A. Goldschmidt 5 fl., S. Romann 2 fl. 42 kr., Moses Frank 2 fl. 42 kr., Mahrum Frank 2 fl. 42 kr., Aron Fuchs 2 fl., J. Schwarz 36 kr., Sigmund Hellmann 5 fl., Amson Schwabacher 5 fl., zusammen	41	12

Jahres- und momentane Beiträge.

	fl.	kr.
Herr Moses Sichel in Gemünden	5	—
„ Joseph Sender in Biebrich	10	—
Aus der Gemeinde Mainstockheim von den Herren: Jos. Stern 5 fl., H. Stern 7 fl., Frau Hana Klugmann 2 fl., J. Feldhahn 1 fl. 45 kr., W. Rothstein 1 fl. 45 kr., Samuel Rothstein 1 fl., S. Friedmann Wwe. 5 fl., M. Lessinger 1 fl., Benj. R. Sonder 3 fl., Maier Stern 3 fl., Jakob Stiebel 1 fl. 30 kr., Benj. S. Sonder 2 fl. 42 kr., Samuel Sonder 2 fl. 42 kr., zusammen	37	24
Herr Adolph Ph. Reichenbach in Ballenstädt	5	15
Herren Juda und David Carlebach in Mannheim	30	—
Zuschuß an Gold	—	30
Herr Heimann in Würzburg	3	45
Herr Jakob Müller in Mainstockheim, bei der Hochzeit seiner Fräulein Tochter mit Herrn Gombrich in Würzburg	20	—
Durch Herrn Cultus-Vorstand Löw Träubel in Oberaltertheim von den Herren: Löw Grünebaum alt 12 kr., Jakob Strauß 2 fl., Simon Kahn 12 kr., Herz Strauß 30 kr., Löw Grünebaum jung 10 fl., Simon Träubel 12 kr., Löw Träubel 1 fl., Simon Fein 12 kr., zusammen	14	18
Von der Gemeinde Gersfeld	11	47
Durch Herrn J. Eichel in Treuchtlingen von den Herren: Salomon Weimann 3 fl. 30 kr., Aron Oestreicher 2 fl. 45 kr., Ungenannter 1 fl. 45 kr., zusammen	8	—
Durch Herrn Rabbiner J. Sängen in Buttenwiesen von dortigen Gemeindegliedern	30	30
Herren Gebrüder J. S. Goldschmidt Antiquitätenhandlung in Frankfurt a/M.	10	—
Aus der Gemeinde Karbach von den Herren: Nathan Rosenbaum 1 fl., Maier Sammel 1 fl., J. L. Tannewald 1 fl., Hirsch Gutmann 1 fl., Feiber Gutmann 1 fl., Feist Bernei II. 1 fl., Lehrer Eschwege 1 fl., Benjamin Bernei 1 fl., Maier Grünwald II 1 fl., Faust Jos. Bernei 1 fl., Elias Goldmann 15 kr., Simon Grünewald 30 kr., Maier Grünwald I 18 kr., Samuel Heippert 30 kr., Löb Bernei 18 kr., Esther Rosenband's Wwe. 1 fl., zusammen	12	51
Herr J. L. Schönfärber in Dornheim	5	—
Durch Herrn Joseph Marx in Strümpfelbrunn mit der Bemerkung „Für Joseph und Isak Marx"	25	—
Herr Löb Adler in Karbach	5	—
Durch Herrn Löb Strauß in Kraisdorf von den Herren: Hajum Brückmann 1 fl., Moses Strauß 1 fl., Abraham Brückmann 1 fl., Löb Strauß 1 fl., Isak Brückmann 30 kr., Babette Rosenbergs Wwe., 12 kr., zusammen	4	42
Herr Samuel Rosenberger in Großenlangheim	—	30
Herr Abraham Mannheimer in Bütthardt	1	—
„ Jak. Gotthold in Würzburg	1	45
Von der Gemeinde Rieneck von den Herren: Wolf Schloß 1 fl., S. Strauß 1 fl. 24 kr., Jos. Kahn 30 kr., Heyum Strauß 18 kr., Hirsch Kahn 18 kr., Anselm Kahn 30 kr., Moses Neugaß 30 kr., Benj. Strauß 30 kr., S. Eisemann 35 kr., S. Oppenheimer 1 fl. zus.	6	35
Herr Kohnstamm von Amerika, z. Z. in Bad Homburg, und zwar an österreichischem Papiergeld 60 fl., dies galt aber 1 fl. 7½ kr. weniger, verbleibt	58	52½
„ Nathan Frank in Estenfeld	5	—
Frau Wwe. Freund in Rimpar	2	—
Herr Jonas Gallinger in Binswangen	18	—
„ Moritz Silber in Mainstockheim	1	—
Familie v. Rothschild in Paris durch Herrn Albert Cohn daselbst 100 Francs	46	40
Herr Jakob Schwab in Würzburg	10	—
Durch Herrn Rabbiner H. Schwarz in Hürben von den Herren: Hajum Guggenheimer 3 fl. 30 kr., Löffler und Landauer 3 fl. 30 kr., Moses Landauer 5 fl., Isak Heimann 1 fl. 45 kr., Ungenannt 5 fl 24 kr., ditto 4 fl., David Neuburger 2 fl., Ungenannt 3 fl. 30 kr., ditto		

Jahres- und momentane Beiträge.

	fl.	kr.
2 fl. 21 kr., Abraham Behr zusammen	32	—
Durch Herrn Cultus-Vorstand Abraham Lion in Steinach a/S. von den Herren: Marx Frank 1 fl., Löb Frank 1 fl., Abr. Frei 1 fl., Sal. Strauß 1 fl. 30 kr., Salomon Wolf 1 fl., Abraham Lion 1 fl. 30 kr., Gerson Geßner 30 kr., Juda Wolf 30 kr., Moses Strauß 2 fl., Jos. Strauß 1 fl., Salom. Geßner 30 kr., Marx Siegel 1 fl., Otto Frank sen. 1 fl. 30 kr., Isak Frei 1 fl., Gabriel Strauß 1 fl., Löb Joseph Stern 1 fl., Ungenannt 2 fl. 42 kr., für den verlebten Löb David Stern dessen Sohn David Stern für das verflossene und auf künftiges Jahr je 1 fl. 45 kr., also für beide Jahre 3 fl. 30 kr., zusammen	23	12
Durch Isak Kleemann in Oberlauringen von den Herren: Lehrer Mosbacher 1 fl, Israel Hirschberger 1 fl. 45 kr, Abr. Seegner 30 kr., Löb Eterzelbach 1 fl., Samuel Wormser 1 fl., Judas Wormser 1 fl., Abr. Rosenthal 30 kr., Simon Fink 30 kr., Liebmann Häusinger 2 fl., Isak Wormser 1 fl., Abraham Frank 24 kr., Louis Maier 24 kr., K. H. Rosenberger 30 kr., Koppel Steinhäuser 30 kr., Isak Kleemann 1 fl., Moritz Schloß 1 fl., Nathan Fink 1 fl. 45 kr., Gumpel Friedenthal 24 kr., Samuel Rosenberger 1 fl., zusammen	17	12
Durch Herrn N. Rosenthal in Mühlfeld aus dortiger Gemeinde	2	30
Herr Distriktsrabbiner David Weiskopf in Wallerstein	3	30
Durch denselben von Herrn Simon Gutmann in Heinsfarth	3	30
Aus der Gemeinde Rimpar von den Herren: S. Gundersheimer 7 fl, durch denselben aus Stiftung 8 fl., Maier W. Hofmann 7 fl., B.S. Schwab 2 fl. 30 kr., Rusel Herrmann 1 fl., Gumpel Stockheimer 3 fl. 48 kr., W. H. Lehmann 1 fl., Juda Hofmann 2 fl., Joseph Frank 2 fl. 42 kr., Lippmann Lehmann 1 fl., B. J. Schwab 30 kr., Salomon Schwab 30 kr., zusammen	35	—
Durch Herrn Emanuel Kleemann in Werneck von den Herren: Emanuel Kleemann selbst 3 fl., Wolf Kleemann 2 fl., Rusel Kleemann 3 fl., Aser Kleemann 4 fl., Arnold Friedenheim 30 kr., Julius Weglein 2 fl. 42 kr., zusammen	15	12
Ungenannter in Sch.	15	—
Durch Herrn M. J. Lohmann in Baiersdorf im Auftrage des Comitee des Toras-Chesed-Verein	14	—
Herr Jakob Gotthold in Würzburg	1	45
Herren Isak und Jakob Glaser in Thüngen	25	—
Durch Herrn Cultusvorst. Aron Danneberger in Bastheim von den Herren: Moses Jonas Baum 1 fl., Carolina Dannebaum Wwe. 2 fl., Jakob Blum 1 fl., Aron Dannebaum 2 fl., zusammen	6	—
Herr Seckel Kohl in Kleineibstadt	5	15
" Feist Stern in Neustadt a. S.	5	—
Durch Hrn Rabbiner H. Schwarz in Hürben von einem Ungenannten	2	—
Herr Isak Weitzfelder in Nördlingen	4	—
" Theilheimer, Lederhändler daselbst	2	—
Frau Jos. Schwab Wittwe in Würzburg	20	—
Ungenannter in Sch.	10	—
Herr J. Samuel Strauß in Würzburg	20	—
Durch Herrn Marx Ansbacher in Mönchsroth von den Herren: David Löb Levite 1 fl. 12 kr., Hirsch Maier 30 kr., Jak. B. Elkan 15 kr., Raph. J. Maier 18 kr., Gabr. Maier 18 kr., Amf. Ascher 18 kr., Brün.Schulmann 12 kr., (für's verflossene Jahr) zusammen	3	3
Durch denselben (für's laufende Jahr) von den Herren: D. L. Levite 36 kr., J. B. Elkan 6 kr., S. L. Maier 30 kr., R. J. Maier 35 kr., Amf Ascher 30 kr., Gebrüder Levite 36 kr., zusammen	2	53

Jahres- und momentane Beiträge.

	fl.	kr.
Herr Seligmann Eisfelder in Würzburg	10	—
Durch Herrn Cultusvorst. Amf. Neuberger in Ellingen	18	10
Herr Louis Henneberger in Würzburg	25	—
„ Hare Jakob in Berlin	43	45
„ H. Eschwege, Lehrer in Karbach	1	30
„ J. M. Lonnerstädter in Haßfurt	12	—
„ Seligmann Lonnerstädter daselbst	1	45
„ Heßlein Lonnerstädter das.	7	—
„ Jak. Gotthold in Würzburg	1	45
„ Joseph Frank baselbst	20	—
„ Jak Binswanger u. Comp. in Augsburg	20	—
Frau Betty Hartwig in Copenhagen	17	30
Herr Feifel Löb Tannewald in Karbach	20	—
Herr B. H. Wormfer in Karlsruhe	21	—
Herr Carl Joseph Schwab in Würzburg	10	—
„ D. H. Jgersheimer in Dörzbach	5	—
„ Hajum Hirnheimer in Heidingsfeld	5	—
„ S. M. Tannebaum in Würzburg	2	—
Durch Herrn Dr. C. Fränkel daselbst von seiner Frau Schwester Herr Benjamin Uhlfelder in Gerolzhofen	3	—
Durch Herrn Religionslehrer S. Maas in Reichmannsdorf von den Herren: Cultus-Vorstand Sal. Wortsmann 4 fl., Joseph Wortsmann 30 kr., M. Strauß 30 kr., Lehrer Maas 1 fl., Elias Hirsch 36 kr., Schweb 1 fl., Krackenberger 36 kr., Hirnheimer 1 fl., Fakelmann 24 kr., Samuel Wortsmann 12 kr., S. Wortsmann Metzger 18 kr., Em. Ehrlich 24 kr., zusammen	10	—
Herr Jakob Gotthold in Würzburg	10	30
„ Michel Reis in Orb	3	30
„ Löb Rosenthal in Homburg a/M.	10	—
„ Ruben Fränkel in Urspringen	10	—
Durch Herrn Cultus-Vorstand Raphael Rosenbaum in Kleinbardorf von dortiger Gemeinde	5	—
	20	—

	fl.	kr.
Herr Dr. Moses Braunschweiger in Würzburg	20	—
„ Salomon Bing daselbst	25	—
„ Jakob Gotthold daselbst	1	45
„ Elias Landauer in München	35	—
Frau Wwe. Felix Heim in Würzburg	50	—
Von den Herren S. E. und S. H. Oppenheimer in Würzburg aus Anlaß der Verehelichung ihrer Kinder Isak und Jette gemeinschaftlich 30 fl, Herr S. E. Oppenheimer für sich 20 fl. zusammen	50	—
Herr Seligm. Eisfelder baselbst	7	—
Durch Herrn Lämmlein Eckstein in München für seinen Bruder Philipp Eckstein dort	5	—
Frau Jette Hellmann in Ebelsbach	20	—
Herr Heß Eisenburg in Kiffingen	10	—
„ Löb Adler in Karbach	3	30
„ Jakob Heß in Frankfurt am Main	25	—
„ Salom. Bing in Würzburg	10	—
„ Moses Sichel in Grünsfeld	20	—
„ Jof. Billmann in München	25	—
„ Dr. C. Fränkel in Würzburg	5	—
„ Nathan Markus Oppenheimer in Frankfurt a. Main	25	—
An Gold Zuschuß	—	24
Frau Lißmann Oppenheimer in Würzburg	5	—
Herr Jakob Gotthold baselbst	1	45
„ Feifel Löb Tannenwald in Karbach	10	—
„ Emanuel Rosenblüth in Königshofen im Grabfeld	8	—
Durch Herrn Kaufmann Lichtenstädter in Wiesenfeld von den Herren: Feibel Hanauer 1 fl 5 fl., A. L. Hecht 3 fl. 30 kr., Lichtenstädter und Schloß Wwe. 5 fl. 6 kr., B. Hanauer 3 fl., A. Bamberger 1 fl. 10 kr., A. Kahn 3 fl. 30 kr., J. Steigerwald 48 kr. K., Grünbaum 3 fl. 30 kr., B. Schild 36 kr., Baruch Bamberger 30 kr., Feibel Hanauer II 2 fl., zusammen	28	40
Durch Herrn Wolff Mayer in Würzburg von einem Ungenannten	1	45
Herr Salomon Schwab in Frankfurt am Main	15	—
Herr Marx Ansbacher in Mönchsroth	15	—
„ Religionslehrer Mos Weißfelder in Goßmannsdorf	5	—

Jahres- und momentane Beiträge.

	fl.	kr.
Herr J. Neugaß in Würzburg	2	30
" Seligmann Seliger in Orb	10	—
" Jeremias Weilersheimer in Gaukönigshöfen	1	—
" Raphael Blum in Acholshausen	10	—
" H. Oppenheimer in Hannover	8	45
" Joseph Hirsch in Halberstadt	87	30
" Jakob Tedesco in Paris	9	30
" Isak Kaufmann in Frankfurt	10	—
" Löb Schwab I. daselbst Jahresbeitrag 15 fl., Extrabeitrag 3 fl. zusammen	18	—
" Jakob Strauß daselbst	25	—
" Gebrüder J. und S. Goldschmidt daselbst	20	—
" M. J Kirchheim daselbst, Jahresbeitrag 10 fl., Extrabeitrag 10 fl., zusammen	20	—
" Felix Sachs daselbst	15	—
" Moses Löb Mainz daselbst	20	—
" Gebrüder Goldschmidt, Eisenhblg. daf., Extrabeitrag 5 fl., Jahresbeitrag 15 fl., zusammen	20	—
" Samuel Eisenmann daf.	10	—
" Maier Seewald daselbst	20	—
" Wolf Fuld daselbst	10	—
" Goldschmidt in Bad Homburg	35	—
" M. Niedermayer in Frankfurt a/M.	25	—
" Michel Löb Mainz daselbst	10	—
Ein Nichtgenannt sein wollender Herr	1100	—
Herr David J. Bondi in Frankfurt a/M.	10	—
" L. W. Schwabacher daf.	20	—
" Marc. S. Königswärther daf.	50	—
" Samuel Moses Mainz daf.	10	—
Frau Wwe. Juda Kulp daselbst	10	—
Herr Maier Schwab daselbst	10	—
" Feist Wohlfarth daselbst	7	—
" A. Offenstadt daselbst	5	—
" David Rapp daselbst	10	—
" Gebrüder Tann daselbst	10	—
" Theodor und Samai Homburger daselbst	20	—
" Ansil Oppenheimer daselbst	10	—
" M. Oppenheimer daselbst	10	—
" Isak Schames daselbst	5	—
" Aron Oppenheimer daselbst	10	—
" Elias Schwabacher daf.	10	—
" Wolf Baß daselbst	25	—
" Arnold Merzbach daselbst	20	—
" Abraham Schwarzschild daf.	10	—
" Gebrüer Löwenstein daf. (3 Napoleon)	28	48
Herr Gebrüder Kohn in Frankfurt a/M.	20	—
" Michael Moses Mainz daselbst	10	—
" Louis Goldschmidt daselbst	10	—
" Katzenstein und Benjamin daselbst	20	—
" Lasar Mainz daselbst	10	—
" Moses Schwab daselbst	10	—
" Moses Michel Oppenheimer daselbst	20	—
" Hecht und Raunheim daf.	43	45
" J. Heß daselbst	26	—
" L. Rapp daselbst	30	—
" Benjamin Niederhofheim daselbst	10	30
" Isak Seligmann von Carlsruhe	10	—
" B. Roos in Frankfurt a/M.	12	—
" Gebrüder Joseph daselbst	5	—
Anonym mit Poststempel Würzburg	8	45
Ungenannter in Sch	15	—
Herr Heßlein Lonnerstädter in Haßfurt	5	—
" Salomon Kohnstamm aus Amerika z. Z. in Bad Homburg	60	—
" Lehrer Eschwege in Karbach	10	—
" Herz Weiller in Frankfurt	50	—
" Löb Joseph Abler in Ursspringen	3	30
" Isak Jos. Abler, daselbst	5	—
" Jakob Einstein in Kleinnördlingen	15	—
" Moses Maier in Würzburg	10	—
" Moses Weilersheimer in Tauberettersheim	10	—
" M. J. Schwab in Würzburg	10	—
" E. H. Oppenheimer, daf.	15	—
" Maier Blum in Mühlfeld	5	—
" Jak. Gotthold in Würzburg	3	30
" Samuel Elbod in Höchberg	10	—
" Seligmann Eisfelder in Würzburg	25	—
" Distrikts-Rabbiner David Weisskopf in Wallerstein	4	—
" Bernard Schwab in Uffenheim	25	—
" Dr. Binge in Bad Homburg	10	—
Zuschuß an Gold	—	6
Durch Herrn Mendel Hirnheimer in Greußenheim von den Herren: Isak Linz 8 fl., Bernhard Linz 2 fl. 42 kr., Joseph Linz 2 fl. 42 kr., Mendel Hirnheimer selbst 5 fl. zusammen	18	24
Durch Herrn J. Weisbart Seminarlehrer in Würzburg von Herren: Löb Bobenheimer in		

	fl.	kr.
Biblis 5 fl., Salomon Bodenheimer I Dort 5 fl., Salomon Bodenheimer II Dort 10 fl., zusammen	20	—
Durch Herrn Samuel Reuberger in Arnstein: von dessen Mutter Frau Hanne Reuberger 10 fl., Herr Heinrich Reuberger 5 fl., von sich selbst 5 fl., zusammen	20	—
Herr F. Stern in Neustadt a/S.	9	30
" Sulzbach in Frankfurt	25	—
" Elias Ichenhäuser in Fürth	100	—
" Elias Ichenhäuser daselbst und Herr S. Merzbach in Offenbach gemeinschaftllich bei der Hochzeit des Hrn. Seligmann Ichenhäuser in Fürth mit Fräulein Fanni Merzbach von Offenbach	25	—
Durch Hrn. Rabbiner L. Wißmann in Schwabach von ihm 5 fl., von den Herren: Felix Valentin 3 fl., Rathan Feuchtwanger 10 fl., M. Rosenbaum 3 fl., M. H. Wechsler 3 fl. 30 kr., S. Wechsler Wwe. 3 fl. 30 kr. H Ullmann 10 fl ,M.Weinschenk 20 fl., Ella Löwenthal 1 fl., Ungenannt 15 kr., J. L. Rosenbaum 5 fl., Ungenannte 3 fl. 30 kr., Maier Feuchtwanger 4 fl, Moritz Cohn 5 fl , A. H. Bechhöfer 3 fl., H. Orden-		

	fl.	kr.
stein 10 fl., H. Lein 3 fl., Isak Löwenthal 1 fl., zus.	93	45
Herr Jakob Gotthold in Würzburg	1	45
" Aron Cohn in Philadelphia durch dessen Schwester Frau Dr. Lippmann in Würzburg	50	—
" Hirsch Eschwege, Lehrer in Karbach	1	25
" Joseph Hirsch in Halberstadt	35	—
" Leonard Müller in Bamberg	25	—
" B. H. Wormser in Carlsruhe	21	—
" Jak. Heß in Frankfurt a/M., Synagogenspende	3	30
" Bär Lämmlein in Bamberg	10	—
In der oben aufgeführten Uebersicht der Ausgaben des ersten Jahres befindet sich sub lit. S die Summa von 37 fl. 34 kr., bei der nun vorgenommenen Rechnungsrevision ergab sich, daß jener Posten blos 37 fl. 4 kr. beträgt, weßhalb hier in den Einnahmen	—	30
Von einem Zögling (siehe Bericht)	50	—
Herr Lehrer Bein in Steinach a/S., für seinen im nächsten Semester in die Anstalt eintretenden zweiten Sohn Simon (siehe Bericht)	100	—
Summa	5787	21

Ausgaben.

Fünftes Jahr.

Lit.	Beleg-Nr.		fl.	kr.
A	1 mit 61	Gehalte der Lehrer und des Hausmeisters	2750	12
B	62	Lehrer-Gratifikation	50	—
C	63—73	Für die Küche und Beleuchtung ꝛc.	367	12
D	74—75	Viktualien	59	48
E	76—86	Bäcker	631	4¾
F	87—97	Metzger	668	24¼
G	98—107	Beheizung	102	32
H	108—111	Buchdruckerei	11	36
J	112—115	Zeitungen	4	48
K	116—120	Steuern	41	39
L	121—122	Wasserleitung	12	—
M	123—127	Verschiedene Hausgeräthe	14	14
N	128—134	Dienstboten	134	6
O	135—142	Handwerksleute	51	23½
P	143	Hausarzt	25	—
Q	144	Apotheke	6	—
R	Laut Buch	Portis	11	42
S	145—147	Reisespesen	22	47
		Summa	4964	29

Zusammenstellung:

Einnahmen	6683 fl. 58 kr.
Ausgaben	4964 fl. 29 kr.
Cassabestand	1719 fl. 29 kr.
Hiezu Cassabestand des vorigen Jahres	12937 fl. 6 kr.
Summa	14656 fl. 35 kr.

Bemerkung. Zu den im ersten und im vorigen Jahre geschenkt erhaltenen Staatspapieren kamen in diesem Jahre keine hinzu.

I.

Verzeichniß der angekauften königl. bayer. Staatspapiere.

		fl.	kr.
6. April 1865	500 fl. 4% à 99½ fl. — 497 fl. 30 kr. ab Zinsen bis 1. Mai 1 fl. 24 kr. 496 fl. 6 kr.	496	6
28. Apr. 1865	500 fl. 4% à 99½ fl. — 497 fl. 30 kr. Zinsen vom 1. Dez. 8 fl. 20 kr. 505 fl. 50 kr.	505	50
10. Mai 1865	2000 fl. 4% Grundrenten und zwar 1000 fl. Nr. 99631—162425 dann 1000 fl. Nr 46864—69271 à 98½ fl. beträgt 1970 fl. — kr. Zinsen von der erstgenannten Oblig. 11 fl. 6 kr. Zinsen von der zweitgenannten „ 37 fl. 48 kr. 2018 fl. 54 kr. Die Eine dieser Obligationen wurde später verloost, siehe Näheres hierüber weiter unten.	2018	54
14. Mai 1865	1000 fl. 4% Grundrente Zinsen vom 1. Februar 1000 fl. 4% Grundrente Zinsen vom 1. Juni 1000 fl. 4% Grundrente Zinsen vom 1. Juni à 98½ fl. = 2955 fl. — kr. Hiezu Zinsen von der Erstgenannten vom 1. Februar 11 fl. 26 kr. 2966 fl. 26 kr. Dann von den zweitgenannten Zinsen ab bis 1. Juni 3 fl. 46 kr. 2962 fl. 40 kr.	2962	40
5. Juni 1865	500 fl. 4% à 99½ 497 fl. 30 kr. Zinsen bis 1. Mai 1 fl. 56 kr. 499 fl. 26 kr.	499	26
8. Sept. 1865	1000 fl. u. 500 fl. 4% à 98¼ fl. = 1473 fl. 45 kr. Zinsen vom 1. August 4 fl. 13 kr. dann Zinsen vom 1. Mai 7 fl. 6 kr. 1485 fl. 4 kr.	1485	4

Verzeichniß der angekauften k. bayer. Staatspapiere. 69

			fl.	kr.
1. Dez. 1865	500 fl. 4% à 98¹/₄ fl. Zinsen vom 1. November	491 fl. 15 kr. 1 fl. 48 kr. 493 fl. 3 kr.	493	3
20. Febr. 1866	500 fl. 4% à 98 fl. Zinsen vom 1. November	490 fl. — kr. 6 fl. 6 kr. 496 fl. 6 kr.	496	6
24. Aug. 1866	1000 fl. 4¹/₂ % à 89¹/₂ fl. Zinsen bis 1. August	895 fl. — kr. 3 fl. — kr. 898 fl. — kr.	898	—
7. Febr. 1867	bayer. Prämie 4% Serie 1688 Obl. Nr. 79368 à 103¹/₂ Thlr. Zinsen vom 1. Juni	181 fl. 7 kr. 4 fl. 47 kr. 185 fl. 54 kr.	185	54
7. Mai 1867	1000 fl. 4¹/₂ % à 92³/₈ fl. ab Zinsen bis 1. Juni	923 fl. 45 kr. 2 fl. 52 kr. 920 fl. 53 kr.	920	53
„	100 fl. 4¹/₂ % zu 95 fl. ab Zinsen bis 1. Juni	95 fl. — kr. — fl. 18 kr. 94 fl. 42 kr.	94	42
23. Sept. 1867	1000 fl. 4¹/₂ % à 94 fl. Zinsen vom 1. Juni	940 fl. — kr. 14 fl. 8 kr. 954 fl. 8 kr.	954	8
2. Febr. 1868	1 bayer. Prämie Serie 15 Obligat. Nro. 749 ditto Serie 15 „ „ 750 à 100¹/₄ Thlr. Zinsen vom 1 Juni	350 fl. 53 kr. 9 fl. 25 kr. 360 fl. 18 kr.	360	18
28. Sept. 1868	1000 fl. 4¹/₂% à 96¹/₂ fl. Zinsen vom 1. August	965 fl. — kr. 7 fl. 15 kr. 972 fl. 15 kr.	972	15
22. Dez. 1868	500 fl. 4¹/₂% à 96 fl. Zinsen vom 1. Oktober	480 fl. — kr. 8 fl. 50 kr. 488 fl. 50 kr.	488	50
27. Aug. 1869	1000 fl. 4¹/₂ % à 94 fl. Zinsen vom 1. August	940 fl. — kr. 3 fl. 22 kr. 943 fl. 22 kr.	943	22
			14775	31

	Summa	14775 fl. 31 kr.
Hieran geht ab die obenerwähnte verlooste Grundrente mit	1000 fl.	und
Zinsen vom 1. Februar 1867 bis 1. Juni 1867 mit	13 fl. 20 kr.	
	1013 fl. 20 kr.	
		1013 fl. 20 kr.
Also verbleibt an Papier		13762 fl. 11 kr.
an Baar		894 fl. 24 kr.
	Summa	14656 fl. 35 kr.

wonach sich der obenbezeichnete Cassabestand von 14656 fl. 35 kr., also ausgleicht; allein es befindet sich ein Cassa-Ueberschuß von 27 fl. 30 kr., wonach der baare Cassabestand beträgt 921 fl. 54 kr.

II.

Verzeichniß der geschenkt erhaltenen Loose und Staatspapiere.

Ein österr. 50 fl. National convertirt in Silberrente Nr. 10233.
Ein österr. 100 fl. Loos vom 15. März 1860 Serie 11240 Nr. 2.
Ein österr. 250 fl. Loos vom 4. März 1854 Serie 2678 Nr. 11.
Ein Ansbach-Gunzenhäuser Loos Serie 2047 Nr. 28.
Ein österr. 100 fl. Loos vom 15. März 1860 Serie 7024 Nr. 11.
Ein „   „   „   „   „   „   „   „   7696 „ 16.
Ein „   „   „   „   „   „   „   „   7824 „ 10.
Eine württembergische 4½ % Obligation von 500 fl., vom 1. April 1867, Lit. M. Nr. 47536.

Die Vorstandschaft der israelitischen Lehrerbildungs-Anstalt.

Seeligmann Bär Bamberger,
Distrikts-Rabbiner.

Herr Distrikts-Rabbiner S. B. Bamberger dahier hat uns ersucht, seine Rechnungen über Einnahmen und Ausgaben für die israelitische Lehrerbildungs-Anstalt dahier seit ihrem fünfjährigen Bestehen einzusehen und zu prüfen. Wenn nun gleichwohl dessen weltbekannte Gewissenhaftigkeit jede Prüfung überflüssig und entbehrlich macht, so haben wir dennoch diesem seinem Wunsche entsprochen. Demzufolge wurden uns die beßfallsigen Bücher, Rechnungsbelege, Staatspapiere und die betreffenden Ankaufsrechnungen hiezu, sowie die Cassa vorgelegt. Nach vorgenommener Einsicht und Prüfung fanden wir Alles, wie es hier in den vorstehenden Rechnungen, Belegen und Zusammenstellungen aufgeführt, und zwar mit einer solchen Genauigkeit und Pünktlichkeit gehandhabt, wie sie nicht größer sein kann, was wir mit Vergnügen hiermit auszusprechen uns beehren.

Würzburg im November 1869.

Sim. Em. Oppenheimer.   Louis Henneberger.